Kerst/Jäckel
Versicherungsrecht

Versicherungsrecht

von

Dr. Andreas Kerst, LL.M.
Referatsleiter im Bundesministerium der Finanzen

und

Dr. Holger Jäckel
Richter am Landgericht

2. Auflage 2020

C.H.BECK

www.beck.de

ISBN 978 3 406 68643 6

Wilhelmstraße 9, 80801 München
Druck: Druckhaus Nomos
In den Lissen 12, 76547 Sinzheim

Satz: DTP-Vorlagen der Autoren
Umschlaggestaltung: Druckerei C. H. Beck Nördlingen

chbeck.de/nachhaltig

Gedruckt auf säurefreiem, alterungsbeständigem Papier
(hergestellt aus chlorfrei gebleichtem Zellstoff)

Vorwort

Dieses kompakte Werk vermittelt in sehr prägnanter Weise die wichtigsten Kenntnisse des Versicherungsrechts entsprechend dem geforderten Prüfungsstoff für die Schwerpunktbereich- sowie Pflichtstoffprüfung im Ersten juristischen Staatsexamen sowie das notwendige Rüstzeug für das Referendariat. Entsprechend dem gängigen Vorlesungsstoff werden das Versicherungsvertragsrecht, das Versicherungsaufsichtsrecht sowie die Versicherungszweige Haftpflichtversicherung, Lebens- und Krankenversicherung dargestellt. Die Ausführungen zur D&O-Versicherung und zum Prozessrecht runden das Buch ab, so dass auch juristische Berufsanfänger im Bereich Unternehmens- und Versicherungsrecht profitieren.

Die Darstellung orientiert sich an der herrschenden Meinung und gängigen Rechtsprechung, so dass das Buch auch dem bisher im Versicherungsrecht nicht Vorgebildeten den raschen Einstieg in die Materie ermöglicht.

Die Vielzahl der Beispiele, Aufbauschemata und Fälle ermöglichen eine schnelle und komprimierte Wiederholung vor Klausuren und der mündlichen Prüfung. Zur Erarbeitung der rechtlichen Grundlagen richtet sich dieses Buch aber auch an Studenten der Versicherungsbetriebslehre bzw. an Studierende im postgraduierten Masterstudium Versicherungsrecht. Besonderer Wert wird daher insgesamt auf die Vermittlung der Strukturen gelegt.

Seit der ersten Auflage des Buches ist zum einen das VVG geändert worden, darüber hinaus sind zahlreiche Entscheidungen ergangen, die für die dargestellten Bereiche des Versicherungsrechts bedeutsam sind. Beides findet in der vorliegenden Neuauflage Berücksichtigung.

Die im Text zitierten Allgemeinen Versicherungsbedigungen beruhen auf den in der Beck'schen Textausgabe (hrsg. von *Dörner*, 7. Aufl. 2015) abgedruckten Musterbedingungen des GDV. Sie sind auch unter https://www.gdv.de/de/ueber-uns/unsere-services/musterbedingungen-23924 abrufbar.

Berlin/Nürnberg, im Juni 2020

Andreas Kerst
Holger Jäckel

Inhaltsverzeichnis

Abkürzungsverzeichnis

a.A. .... anderer Ansicht
a.a.O. .... am angegebenen Ort
AKB 2015 .... Allgemeine Versicherungsbedingungen der Kfz-Versicherung 2015, Musterbedingungen GDV
AHB 2016 .... Allgemeine Versicherungsbedingungen für die Haftpflichtversicherung 2016; Musterbedingungen GDV
AVB .... Allgemeine Versicherungsbedingungen
BaFin .... Bundesamt für Finanzdienstleistungsaufsicht
Bearb. .... Bearbeiter
bspw. .... beispielsweise
bzw. . ... beziehungsweise
DCGK .... Deutscher Corporate Governance Kodex
ders. .... derselbe
d.h. .... das heißt
EGVVG .... Einführungsgesetz zum Versicherungsvertragsgesetz
f., ff. .... und folgende(r)
GDV .... Gesamtverband der deutschen Versicherungswirtschaft
h.M. .... herrschende Meinung
i.d.R. .... in der Regel
i.S.v. .... im Sinne von
i.V.m. .... in Verbindung mit
JuS .... Juristische Schulung (Zeitschrift)
Kfz .... Kraftfahrzeug
MB/KK 2009 .... Musterbedingungen 2009 für die Krankheitskosten- und Krankenhaustagegeldversicherung
MB/KT 2009 .... Musterbedingungen 2009 für Krankentagegeldversicherung
m.Anm. .... mit Anmerkung
m.w.N. .... mit weiteren Nachweisen
NJW .... Neue Juristische Wochenschrift
NJW-RR .... NJW-Rechtsprechungsreport Zivilrecht
NotBZ .... Zeitschrift für die notarielle Beratungs- und Beurkundungspraxis
NVersZ .... Neue Zeitschrift für Versicherung und Recht
o.ä. .... oder ähnliches
OLGR .... OLG-Report (Rechtsprechungssammlung)
Rn. .... Randnummer
r+s .... recht und schaden (Zeitschrift)

sog.	sogenannt(er)
str.	streitig
u.a.	unter anderem
v.a.	vor allem
VersR	Versicherungsrecht (Zeitschrift)
VGB 2016	Allgemeine Wohngebäude Versicherungsbedingungen 2016, Musterbedingungen GDV
vgl.	vergleiche
VN	Versicherungsnehmer
VR	Versicherer
VVG	Versicherungsvertragsgesetz
VVG-InfoV	VVG-Informationspflichtverordnung
VW	Versicherungswirtschaft (Zeitschrift)
WM	Wertpapiermitteilungen (Zeitschrift)
z.B.	zum Beispiel
ZEV	Zeitschrift für Erbrecht und Vermögensnachfolge

Literaturverzeichnis

Beckmann, Roland M./ Matusche-Beckmann, Annemarie (Hrsg.) .... Versicherungsrechts-Handbuch, 3. Aufl. 2015 (zit.: VersRHdb/*Bearb.*)

Jäckel, Holger .... Das Beweisrecht der ZPO, 3. Aufl. 2020

Henssler, Martin/ Strohn, Lutz (Hrsg.) .... Gesellschaftsrecht, Kommentar, 4. Auflage 2019 (zit.: Henssler/Strohn/*Bearb.)*

Höra, Knut (Hrsg.) .... Münchener Anwaltshandbuch Versicherungsrecht, 4. Aufl. 2017 (zit.: MAH-VersR/*Bearb.*)

Langheid, Theo/ Wandt, Manfred (Hrsg.) ..... Münchener Kommentar zum Versicherungsvertragsgesetz, 2. Aufl. 2016/2017 (zit.: MüKo-VVG/*Bearb.*)

Prölss, Jürgen/ Martin, Anton (Begr.) .... Versicherungsvertragsgesetz, 30. Aufl. 2018

Rauscher, Thomas/ Krüger, Wolfgang (Hrsg.) .... Münchener Kommentar zur Zivilprozessordnung, Band 1, 5. Aufl. 2016 (zit.: MüKo-ZPO/*Bearb.*)

Rixecker, Roland/ Säcker, Franz Jürgen/ Oetker, Hartmut/ Limperg, Bettina (Hrsg.) .... Münchener Kommentar zum Bürgerlichen Gesetzbuch, Band 2, 8. Aufl. 2019 (zit.: MüKo-BGB/*Bearb.*)

Rüffer, Wilfried/ Halbach, Dirk/ Schimikowski, Peter (Hrsg.) Versicherungsvertragsgesetz, Handkommentar, 4. Aufl. 2020 (zit.: Hk-VVG/*Bearb.*)

Staudinger, Julius v. (Begr.) Bürgerliches Gesetzbuch, Kommentar, 13. Aufl. 2015 (zit.: Staudinger/*Bearb.*)

Thomas, Heinz / Putzo, Hans (Begr.) .... Zivilprozessordnung, 41. Aufl. 2020

Kapitel 1. Grundzüge des Versicherungswesens

A. Versicherung als Wirtschaftsgut

I. Allgemeine wirtschaftliche Perspektive

Die Privatversicherung hat eine hohe gesellschaftliche und wirtschaftliche Bedeutung. Fast jeder Haushalt in Deutschland hat mehrere Privatversicherungsverträge abgeschlossen (Hausratversicherung, Allgemeine Haftpflichtversicherung, Lebensversicherung, Kfz-Haftpflichtversicherung). Der Hauptzweck einer Privatversicherung ist die **Verlagerung des wirtschaftlichen Risikos** des Einzelnen oder einer Gruppe auf den Versicherer. Als Gegenleistung hat der Versicherungsnehmer eine tragbare Prämie zu zahlen. Der Versicherte wird durch das Bestehen einer Versicherung gegen eine individuell unkalkulierbare Gefahrenlage gesichert. Dadurch werden dem Einzelnen oder der Gesellschaft Handlungsfreiräume geschaffen. Besondere Risiken sind nur durch die Absicherung der Gefährdungshaftung mittels einer Pflichtversicherung durch die Gesellschaft zugelassen worden. So ist jeder Halter eines Kraftfahrzeuges zum Abschluss einer Kfz-Haftpflichtversicherung verpflichtet.[1] 1

Der Versicherungsmarkt in Deutschland stellt daher einen wesentlichen Wirtschaftsfaktor dar. Nahezu jeder Privathaushalt und jedes Wirtschaftsunternehmen ist versichert. Die Versicherungen bilden neben den Banken die **größte Kapitalsammelstelle** unserer Volkswirtschaft. Die wirtschaftliche Bedeutung der Versicherung lässt sich in einen betriebswirtschaftlichen und volkswirtschaftlichen Nutzen unterteilen. Der **einzelwirtschaftliche Nutzen** des Wirtschaftsgutes Versicherung besteht darin, dass der Einzelne oder ein Unternehmen Risiken gegen Entgelt für einen vertraglich genau festgelegten Bereich auf die Versicherung transferieren kann (sog. **Risikotransfer**). Im Falle eines Schadenseintrittes findet der Versicherte einen Ausgleich seines negativen Ereignisses. Der Versicherungsschutz erspart vielen Unternehmen die Rücklagenbildung für den Eintritt zukünftiger negativer Ereignisse und ist oftmals Voraussetzung zur Gewinnung von Fremdkapital. Fehlerhafte Produkte beispielsweise können zu einer Vielzahl von Schadensersatzforderungen führen. Die **gesamtwirtschaftliche Bedeutung** des Versicherungswesens liegt in der Entlastung der öf- 2

[1] Vgl. hierzu näher Rn. 131.

fentlichen Hand.[2] Dort wo privater Versicherungsschutz vom Markt angeboten wird, fallen die Menschen im Schadensfall nicht dem Staat zur Last (Sach- und Personenversicherung) und es wird der Schutz geschädigter Dritter gewährleistet (Haftpflichtversicherung).[3] Ohne Industrieversicherungen würden Großunternehmen oftmals bestimmte Risiken nicht eingehen, was investitionshemmend wirken würde. Das privatwirtschaftliche Versicherungswesen dient somit als gesamtwirtschaftlicher Produktionsfaktor der Sicherung des technischen Fortschritts und dem wirtschaftlichen Wachstum.[4]

II. Komponenten des Versicherungsgeschäftes

3 Das Gesamtversicherungsgeschäft kann in drei Komponenten zerlegt werden. Das **Risikogeschäft**, d.h. die Abgabe eines Versicherungsschutzversprechens und die Gewährung von Versicherungsleistungen nach Eintritt des Versicherungsfalles, bildet das Basisgeschäft. Dieses Basisgeschäft wird oftmals mit dem **Spar- und Entspargeschäft** verknüpft (z.B. klassische kapitalbildende Lebensversicherung, Unfallversicherung mit Rückgewähr). Der Rückfluss des durch Sparbeiträge aufgebauten und vom Versicherer am Kapitalmarkt angelegten Geldes erfolgt in Form eines Einmalbeitrages oder als laufende Rente. Diese Komponente ist durch einen planmäßigen, verzinslichen Spar-/Entsparprozess gekennzeichnet. Als dritte Komponente im Zusammenhang mit dem Risiko-, Spar- und Entspargeschäft sei das **Dienstleistungsgeschäft** genannt (z.B. Beratungshotline bei der Rechtsschutzversicherung; besondere Abwicklung des Versicherungsfalles).

Merkmale versicherbarer Risiken:[5]

- Zufälligkeit des Schadenauftrittes
- Schätzbarkeit der Schadenverteilung
- Eindeutige Definition des Risikos möglich
- Risiko schätzbar
- Unabhängigkeit der Einzelrisiken aus Gründen der Kalkulierbarkeit

Übersicht 1: *Kriterien der Versicherbarkeit*

---

[2] MüKo-VVG/*Schradin*, VersBWL Rn. 1.
[3] MüKo-VVG/*Schradin*, VersBWL Rn. 1.
[4] MüKo-VVG/*Schradin*, VersBWL Rn. 1.
[5] MüKo-VVG/*Schradin*, VersBWL Rn. 10.

III. Definition der Versicherung

Eine Versicherung liegt vor, wenn ein Versicherungsunternehmen sich gegen Entgelt verpflichtet, für den Fall eines ungewissen Ereignisses bestimmte Leistungen zu erbringen, wobei das übernommene Risiko auf eine Vielzahl durch die gleiche Gefahr bedrohte Personen verteilt wird und der Risikoübernahme eine auf dem Gesetz der großen Zahl beruhende Kalkulation zugrunde liegt.[6] 4

„Versicherung ist der Risikotransfer gegen Entgelt."

Der **Risikoausgleich im Kollektiv** ist ein Grundprinzip der Versicherung. Gleichartige Risiken werden in einem Bestand zusammengefasst, wodurch ein Ausgleich der Einzelrisiken entsteht und eine Kalkulationsgrundlage für das Produkt Versicherung geschaffen wird.[7]

IV. Versicherungsunternehmen

Der Betrieb des Versicherungsgeschäftes in Deutschland kann nur in der Rechtsform einer Aktiengesellschaft, eines Versicherungsvereins auf Gegenseitigkeit und einer öffentlich-rechtlichen Körperschaft bzw. Anstalt erfolgen (§ 8 II VAG). 5

V. Arten von Versicherungsverträgen

Die Systematik des VVG orientiert sich an der Unterscheidung nach Schadens-, Summen-, Personen- und Sachversicherung. Die §§ 74 ff. VVG beziehen sich nur auf die Schadensversicherung, wobei §§ 88 ff. VVG nur die Schadensversicherung als Sachversicherung regeln. Die Kapitel 5–8 beziehen sich nur auf die Personenversicherung. Bei den Versicherungsverträgen wird grundsätzlich zwischen **Schadens- und Summenversicherungen** unterschieden. 6

Beispiele: *Schadensversicherungen:* Haftpflichtversicherung, Hausratversicherung, Feuerversicherung; *Summenversicherung:* Unfallversicherung, Berufsunfähigkeitsversicherung, Lebensversicherung

Die Schadensversicherung wird in die **Aktivenversicherung** (Schutz einzelner Vermögensbestandteile; spezifisches Schutzobjekt) und in die **Passivenversicherung** (Schutz des gesamten Vermögens) unterteilt. 7

---

[6] MüKo-VVG/*Looschelders*, § 1 Rn. 6.

[7] Vgl. vertiefend hierzu MüKo-VVG/*Schradin,* VersBWL Rn. 13.

Beispiele: *Aktivenversicherung:* Forderungsversicherung, Sachversicherung; *Passivenversicherung:* Haftpflichtversicherung, Rechtsschutzversicherung

8 Ferner differenziert man zwischen **Personenversicherungen** (z.B. Lebensversicherung – Versicherung gegen Todesrisiko einer Person) und **Sachversicherungen** (z.B. Hausratversicherung – Sicherung des Hausrates gegen Einbruchdiebstahl). Der Unterschied besteht im Risikoträger bzw. Risikoobjekt.[8]

9 Im Rahmen der Kategorisierung ist noch die **Pflichtversicherung** zu nennen. Zahlreiche Vorschriften enthalten die Verpflichtung, einen Versicherungsvertrag abzuschließen. Genannt sei an erster Stelle die Kfz-Haftpflichtversicherung (vgl. § 1 PflVG). Auch vor Aufnahme einer Berufstätigkeit ist oftmals eine Berufshaftpflichtversicherung abzuschließen (z.B. Vermögensschadenhaftpflichtversicherung für Rechtsanwälte). Ferner besteht die Pflicht zum Abschluss einer Krankheitskostenversicherung, wenn nicht eine Versicherung in der gesetzlichen Krankenversicherung vorliegt (§ 193 III VVG). In der Kfz-Haftpflichtversicherung (vgl. § 5 II PflVG) und der Krankenversicherung zum Basistarif (vgl. § 193 V 1 VVG) trifft den Versicherer ein Kontrahierungszwang.

B. Grundlagen des Privatversicherungsrechts

10 Aufbauend auf der wirtschaftlichen Betrachtung der Risikovorsorge durch Versicherung ist nun der Rechtsrahmen des Privatversicherungsrechts zu betrachten.

- Versicherungsvertragsrecht ist Schuldvertragsrecht
- Verbraucherschutz durch den Kontrollmechanismus der AGB-Kontrolle (§§ 305 ff. BGB) und halbzwingende/zwingende Vorschriften
- VVG nicht auf Rück- und Seeversicherung sowie Großrisiken anwendbar, §§ 209, 210 VVG
- Abgrenzung zum Sozialversicherungsrecht: Versicherungsverhältnis basiert auf Vertrag und nicht auf Gesetz wie im Sozialrecht

Übersicht 2: *Grundstrukturen Versicherungsvertragsrecht*

[8] Vgl. vertiefend hierzu Hk-VVG/*Brömmelmeyer*, § 1 Rn. 29 ff.

I. Einteilung des Privatversicherungsrechts

Das Privatversicherungsrecht umfasst die Teilgebiete Versicherungsvertragsrecht, Versicherungsaufsichtsrecht und das Versicherungsunternehmensrecht. 11

Das **Versicherungsvertragsrecht** regelt den Abschluss und die Durchführung des Versicherungsvertrages. Hierzu gehört auch das Vermittlerrecht, soweit es um den Versicherungsvertrag geht. Im Wesentlichen ist das Versicherungsvertragsrecht im Gesetz über den Versicherungsvertrag (**Versicherungsvertragsgesetz – VVG**) niedergelegt. Soweit das VVG keine Regelungen enthält, ist generell auf das BGB zurück zu greifen. Dabei ist jedoch der Vorrang des VVG zu beachten. Wenn das VVG abschließende Regelungen trifft, ist ein Rückgriff auf das BGB ausgeschlossen. So kommt beispielsweise eine Haftung des Versicherungsnehmers aus vorvertraglicher Pflichtverletzung nach §§ 280 I, § 241 II, 311 II BGB über die Rechtsfolgen des §§ 19 ff. VVG hinaus nicht in Betracht. Das VVG stellt damit Besonderes Schuldrecht dar. Es ist nicht auf die Rück- und Seeversicherung anwendbar (§ 209 VVG).

Das **Versicherungsaufsichtsrecht ist öffentliches Recht** und hat die Kontrolle der Versicherer zum Gegenstand. Die staatliche Kontrolle wird durch die Bundesanstalt für Finanzdienstleistungsaufsicht (BaFin) wahrgenommen. Rechtsgrundlage ist das Gesetz über die Beaufsichtigung der Versicherungsunternehmen (**Versicherungsaufsichtsgesetz – VAG**). 12

Regelungen zur Gründung und Unternehmensstruktur von Versicherern enthält das **Versicherungsunternehmensrecht**. Vorgaben enthält insbesondere das Versicherungsaufsichtsgesetz. Subsidiär ist auf das Gesellschafts- und Vereinsrecht zurück zu greifen. 13

- Das Versicherungsvertragsgesetz (VVG) enthält das Vertragsrecht für alle Versicherungsverträge und besondere Bestimmungen für einzelne Versicherungszweige wie der Rechtsschutzversicherung und Lebensversicherung.
- Das Einführungsgesetz zum Versicherungsvertragsgesetz (**EGVVG**) enthält Übergangsvorschriften zur VVG-Reform 2008.
- Die VVG-Informationspflichtverordnung (**VVG-InfoV**) konkretisiert die Informationspflichten nach § 7 I VVG.
- Das BGB, HGB und sonstiges Zivilrecht ergänzen die gesetzlichen Regelungen zum Versicherungsrecht. Das Innenverhältnis

zwischen Versicherer und Versicherungsvermittler wird so durch das Arbeits- oder Handelsrecht ausgestaltet.

- Die **Rom I-VO**[9] enthält kollisionsrechtliche Regelungen zum anwendbaren Recht bei Versicherungsverträgen mit internationalem Bezug.
- Das Versicherungsaufsichtsgesetz (**VAG**) regelt die laufende Rechts- und Fachaufsicht durch die BaFin und enthält Vorgaben für die Unternehmensstruktur.
- Vorrangig aus der **Brüssel Ia-VO**[10] ergibt sich die internationale Zuständigkeit in Versicherungssachen. So ist für Klagen gegen den Versicherer aus einem anderen Mitgliedsstaat der EG neben den Gerichten an seinem Wohnsitz auch das Gericht am Wohnsitz des klagenden Versicherungsnehmers zuständig.

Übersicht 3: *Wichtige Gesetze und Verordnungen zum Versicherungsrecht*

II. Unterscheidung zum Sozialversicherungsrecht

14 Die Privatversicherung ist von der Sozialversicherung abzugrenzen. Differenzierungskriterium ist der Entstehungsgrund des jeweiligen Rechtsverhältnisses. Das **sozialrechtliche Rechtsverhältnis** entsteht gemäß § 40 I SGB I **kraft Gesetzes**. Liegen die gesetzlichen Anspruchsvoraussetzungen vor, so kann der Antragsteller Ansprüche auf Sozialleistungen einfordern. Die Sozialversicherung ist Prüfungsgegenstand des Faches Sozialrecht und überwiegend im Sozialgesetzbuch geregelt. Tragendes Strukturprinzip der Sozialversicherung ist, dass sie sich aus Beiträgen der Arbeitgeber und Arbeitnehmer sowie Zuschüssen aus dem Steueraufkommen finanziert. Wichtige soziale Pflichtversicherungen sind die Krankenversicherung, Rentenversicherung, Unfallversicherung, Arbeitslosenversicherung und Pflegeversicherung. Für Streitigkeiten aus dem Sozialrechtsverhältnis sind grundsätzlich die Sozialgerichte zuständig (§ 51 SGG), wohingegen für Klagen aus dem Privatversicherungsverhältnis die ordentlichen Gerichte zuständig sind (§ 13 GVG). Die Geltendmachung von Rechtsansprüchen auf Sozialleistungen erfolgt im Verwaltungsverfahren (SGB X), so dass vor Klageerhebung Widerspruch gegen den Verwaltungsakt, der angegriffen werden soll, einzulegen ist. Bei der Abgrenzung zwischen

---

[9] Verordnung (EG) Nr. 593/2008 des Europäischen Parlaments und des Rates vom 17.06.2008, ABl. L 177 S. 6.

[10] Verordnung (EU) Nr. 1215/2012 des Europäischen Parlaments und des Rates vom 12.12.2012, ABl. L 351, S. 1.

Privat- und Sozialversicherungsrecht kommt es nicht auf die Rechtsform des Versicherungsanbieters an. Sollten beispielsweise die gesetzlichen Krankenkassen als Träger der gesetzlichen Krankenversicherungen auf vertraglicher (privatautonomer) Basis Zusatzkrankenversicherungen anbieten, so wäre das VVG anwendbar.[11]

III. Die Privatversicherung als Rechtsprodukt

Die Komplexität des Privatversicherungsrechts resultiert u.a. daraus, 15
dass jede Frage zum Produkt „Versicherung" eine Rechtsfrage ist. Oftmals spricht man von Versicherung als Rechtsprodukt.[12] Die Versicherung ist ein nicht gegenständliches Gut, welches erst durch den Versicherungsvertrag und das jeweilige umfassende, kleingedruckte Regelwerk (Allgemeine Versicherungsbedingungen, AVB) sichtbar wird. Kommt es während der Versicherungsperiode nicht zum Versicherungsfall, so sieht der Versicherungsnehmer nur seine Beitragszahlung. Der Verwaltungsaufwand des Versicherers sowie die finanzielle Absicherung des Risikos durch den Versicherer werden aber oft übersehen.

1. Funktion und Auslegung Allgemeiner Versicherungsbedingungen

Versicherungsverträge sind **Massengeschäfte**, ohne individuell 16
ausgehandelte Regularien. Der wesentliche Inhalt dieser Verträge wird durch die vom Versicherer gestellten AVB festgelegt. Für nahezu jede Versicherungssparte gibt es eigene Bedingungswerke, die ihrerseits in unterschiedlichen Fassungen (Jahrgängen) vorliegen. Die meisten Vorschriften des VVG verfolgen das Ziel, lediglich komplementäre und begleitende Regelungen zu diesen AVB zu schaffen.[13]

> **Lernhinweis:** Anders als gewöhnlich, hilft im Versicherungsvertragsrecht nicht allein der Blick ins Gesetz. Zumeist müssen zusätzlich die AVB in der bei Vertragsschluss zugrunde gelegten Fassung herangezogen werden.

Es gibt keine einheitlichen Bedingungswerke für die einzelnen 17
Sparten, sondern eigene Varianten der jeweiligen Versicherer. Eine gewisse Orientierung bieten die (unverbindlichen) Musterbedingungen

---

[11] Hk-VVG/*Brömmelmeyer*, Einl. Rn. 2.
[12] MüKo-VVG/*Armbrüster*, Vor §§ 6 f. Rn. 12.
[13] MAH-VersR/*Höra*, § 1 Rn. 41 f.

des GDV. Bis 2015 war der Mindestinhalt der AVB durch § 10 I a.F. VAG gesetzlich festgelegt, wobei Verstöße nur aufsichtsrechtliche Folgen hatten. Diese Vorschrift ist ersatzlos gestrichen worden.

18 Ob Versicherungsbedingungen als **Allgemeine Geschäftbedingungen** zu behandeln sind, ist anhand des **§ 305 I 1 BGB** zu entscheiden. Sie sind für eine Vielzahl von Versicherungsverträgen vorformuliert – entweder vom Versicherer als Verwender oder von einem Dritten. In aller Regel werden die Bedingungswerke dem Versicherungsnehmer vor Vertragschluss ausgehändigt oder übersandt (§ 7 I 1 VVG), ohne dass sie ernsthaft zur Disposition gestellt werden. Sie werden mithin vom Versicherer gestellt.

Für die **Einbeziehung der AVB** in den Versicherungsvertrag gelten die Voraussetzungen des § 305 II BGB. Scheitert die Einbeziehung, ist der Vertrag im Übrigen wirksam zustande gekommen. Er ist durch gesetzliche Regelungen zu erweitern (§ 306 II BGB) und notfalls ergänzend auszulegen.

19 Vor jeder Inhaltskontrolle ist die in Frage stehende Klausel auszulegen, damit Klarheit über den zu kontrollierenden Inhalt herrscht. Diese **Auslegung** der einzelnen Bedingungen erfolgt anhand der Frage, wie sie ein durchschnittlicher Versicherungsnehmer ohne versicherungsrechtliche Spezialkenntnisse bei verständiger Würdigung, aufmerksamer Durchsicht und Berücksichtigung des erkennbaren Sinnzusammenhangs verstehen muss.[14] Für Risikoausschlussklauseln gilt der Grundsatz, dass diese eng auszulegen sind, um den Versicherungsschutz nicht über den äußeren Zweck der Klausel hinaus zu verkürzen.[15] Der durchschnittliche Versicherungsnehmer braucht nicht mit Lücken im Versicherungsschutz zu rechnen, ohne dass eine Klausel ihm dies hinreichend verdeutlicht.[16] Verbleiben Zweifel, so gilt **§ 305c II BGB** (kundenfreundlichste Auslegung).

2. Inhaltskontrolle nach AGB-Recht

20 Die inhaltliche Kontrolle der AVB vollzieht sich nach **§§ 305c I, 307 ff. BGB**. Sie ist Aufgabe der Rechtssprechung im Rahmen von Individualklagen oder Verbandsprozessen nach §§ 1, 3 UKlaG.[17] Ihr kommt nach Wegfall der aufsichtsrechtlichen Kontrolle eine zusätzliche Bedeutung zu. Klauseln, die unmittelbar den Leistungsinhalt oder

---

[14] BGH NJW 2018, 1019 Rn. 18; BGH NJW 2004, 2589, 2590.

[15] BGH NJW-RR 1999, 1038, 1039.

[16] BGH NJW 2017, 2034 Rn. 18 m.w.N.

[17] Die unübersichtliche Fülle an Rechtsprechung kann hier nicht im Einzelnen wiedergegeben werden.

das zu zahlende Entgelt festlegen, sind grundsätzlich der Inhaltskontrolle entzogen (§ 307 III BGB).[18]

Ob eine Klausel ungewöhnlich ist (§ 305c I BGB), ist nicht danach zu beurteilen, ob sie vielfach verwendet wird, sondern ob sie für den durchschnittlichen Versicherungsnehmer im Hinblick den Vertragstyp und die Umstände des Vertragsschlusses ein starkes Überraschungsmoment enthält. Der Versicherungsnehmer soll darauf vertrauen dürfen, dass sich die einzelnen Regelungen im Großen und Ganzen im Rahmen dessen halten, was nach den Umständen bei Abschluss des Vertrages erwartet werden kann.[19] Bei vielfach verwendeten Klauseln entfällt dieses Überraschungsmoment erst, wenn sie einen solchen allgemeinen Bekanntheitsgrad erreicht haben, dass der Durchschnittskunde mit ihnen rechnen muss. Die Branchenüblichkeit allein lässt die Ungewöhnlichkeit noch nicht entfallen.[20]

Beispiel: Eine Klausel in den AVB einer Krankentagegeldversicherung, wonach bei Arbeitslosigkeit infolge Insolvenz des Arbeitgebers der Versicherungsschutz nach spätestens drei Monaten endet, ist als überraschende Klausel unwirksam.[21]

Besondere Bedeutung hat die **unangemessene Benachteiligung** 21
i.S.v. § 307 I BGB. Dabei ist nicht jede Schmälerung des Versicherungsschutzes bereits unangemessen. Eine solche Benachteiligung kann erst dann bejaht werden, wenn die Beeinträchtigung des versicherten Interesses nicht durch ein legitimes Interesse des Versicherers gerechtfertigt und der Nachteil von einigem Gewicht ist (Abwägung).[22] Dabei ist ein generalisierender, also nicht am konkreten Einzelfall haftender Maßstab anzulegen.

Beispiel: Nicht nach § 307 BGB unwirksam ist eine Klausel in den besonderen Bedingungen einer Berufsunfähigkeits-Zusatzversicherung (BB-BUZ), nach der eine Berufsunfähigkeit von der Versicherung ausgeschlossen ist, die auf vorsätzlicher Begehung einer Straftat durch den VN beruht.[23]

Das **Transparenzgebot** (§ 307 I 2 BGB) gehört zur formellen Kon- 22
trolle und ergänzt die Unklarheitenregel des § 305c II BGB. Es verlangt, die Rechte und Pflichten des Versicherungsnehmers möglichst klar und durchschaubar darzustellen, so dass ihm die Klausel nicht erst nach intensiver Beschäftigung oder ergänzender Auskunft deutlich

[18] BGH NJW 2001, 2014, 2016.
[19] OLG München r+s 2009, 327 Rn. 22.
[20] Prölss/Martin/*Armbrüster*, Einl. Rn. 64 m.w.N.
[21] LG Bremen NJW 1985, 868.
[22] BGH NJW-RR 2004, 1258, 1259.
[23] BGH NJW 1991, 1357.

wird.[24] Der Versicherungnehmer muss insbesondere dass die aus der Klausel folgenden wirtschaftlichen Nachteile und Belastungen erkennen können.[25] Die **Folgen der Unwirksamkeit** einer AVB-Klausel ergeben sich aus **§ 306 BGB**. Der Versicherungsvertrag bleibt im Übrigen bestehen.

IV. Privatautonomie und Verbraucherschutz

23 Im Privatversicherungsrecht mit seinem Versicherungsvertragsrecht als Schuldvertragsrecht herrscht grundsätzlich Privatautonomie. Aus Gründen des Verbraucherschutzes gibt es jedoch bestimmte Regelmechanismen um den Grundsatz der Richtigkeitsgewähr von Verträgen zu sichern. Neben dem Kontrollmechanismus der §§ 305 ff. BGB im Hinblick auf die Allgemeinen Versicherungsbedingungen enthält das VVG halbzwingende und zwingende Vorschriften. Von halbzwingenden Vorschriften (vgl. §§ 18, 32, 42, 87 VVG) darf durch den Versicherer nicht zum Nachteil des Versicherungsnehmers oder anderer geschützter Personen abgewichen werden.

Beispiel: Die Widerspruchsfrist des VN gegen einen vom Antrag abweichenden Versicherungsschein von einem Monat nach Zugang darf nicht zu Lasten des VN auf zwei Wochen verkürzt werden (§§ 5 I, 18 VVG).

Zwingende Vorschriften führen dazu, dass jede abweichende vertragliche Vereinbarung nichtig ist (z.B. §§ 5 IV, 11 I VVG).

Lernhinweis: Die Prüfung Allgemeiner Versicherungsbedingungen (AVB) auf ihre Wirksamkeit setzt zunächst voraus, dass man prüft, ob die Vereinbarung gegen halbzwingende oder zwingende Vorschriften des VVG verstößt. Wird dies bejaht, so ist diese Regelung unwirksam. Ein Rückgriff auf die §§ 305c, 307 BGB erübrigt sich. Kommt man zum Ergebnis, dass eine Abweichung aufgrund dispositiven Rechts möglich ist, so ist die Vereinbarung nunmehr – wie im vorherigen Abschnitt dargestellt – anhand der §§ 305 ff. BGB zu prüfen. Die Anordnung, welche Regelungen im VVG halbzwingend sind, wird meist am Ende eines Abschnitts in einer Schlussvorschrift niedergelegt (z.B. § 18 VVG).

---

[24] BGH NJW 1999, 222, 224.
[25] BGH NJW 2017, 3711 Rn. 13 m.w.N.

Kapitel 2. Versicherungsaufsichtsrecht

A. System und Ziele des Aufsichtsrechts

Die Versicherungsaufsicht ist auf Bund und Länder entsprechend dem föderalistischen System der Bundesrepublik Deutschland aufgeteilt. Die Aufsicht über die Versicherungsunternehmen wird dabei überwiegend durch die Bundesanstalt für Finanzdienstleistungsaufsicht (**BaFin**) wahrgenommen.[26] Die BaFin beaufsichtigt für den Bund diejenigen in Deutschland tätigen privaten Versicherungsunternehmen, die wirtschaftlich von erheblicher Bedeutung sind und die öffentlich-rechtlichen Wettbewerbsversicherer, die über die Grenzen eines Bundeslandes hinaus tätig sind (§ 320 f. VAG). Die Aufsichtsbehörden der Länder beaufsichtigen vor allem die öffentlich-rechtlichen Versicherer, deren Tätigkeit auf das jeweilige Bundesland beschränkt ist und diejenigen privatrechtlichen Versicherer, die wirtschaftlich von geringerer Bedeutung sind. 24

Die BaFin ist eine bundesunmittelbare rechtsfähige Anstalt des öffentlichen Rechts. Beim Sitz der Aufsichtsbehörde ist zwischen den Orten zu unterscheiden, an denen sich deren Verwaltungseinrichtungen befinden (Bonn, Frankfurt a.M.) und demjenigen, bei dem Klagen gegen die Behörde vor Gericht anzubringen sind (Frankfurt a.M.; § 1 FinDAG). Rechtsgrundlage für die Aufsichtstätigkeit ist das Versicherungsaufsichtsgesetz (**VAG**). Dieses regelt das materielle Aufsichtsrecht. Das VAG enthält Regelungen für die Geschäftstätigkeit von Versicherungsunternehmen, Rückversicherungsunternehmen, Versicherungsholdings sowie Pensionsfonds und -kassen. Die Organisationsvorgaben für die BaFin sind im Finanzdienstleistungsaufsichtsgesetz (FinDAG) niedergelegt. 25

Das **Aufsichtsrecht** gehört zum **Wirtschaftsverwaltungsrecht**. Es beruht in Deutschland auf dem System der materiellen Staatsaufsicht, d.h. dass der Aufsichtsbehörde die Befugnis zusteht, aktiv (materiell) auf die Versicherungsunternehmen im gesetzlich festgelegten Rahmen einzuwirken.[27] Als präventives Eingriffsmittel war die Aufsicht unter 26

[26] Die Rechts- und Fachaufsicht über die BaFin liegt beim Bundesministerium der Finanzen (§ 2 FinDAG).

[27] MüKo-VVG/*Langheid*, Versicherungsaufsichtsrecht in Band 3 (im Folgenden als „AufsichtsR" abgekürzt), Rn. 81 ff.

anderem durch die Genehmigungspflicht der Allgemeinen Versicherungsbedingungen und Tarife lange Zeit gekennzeichnet. Trotz Wegfalles der grundsätzlichen Genehmigungspflicht von AVB im Jahr 1994 stehen der Versicherungsaufsicht weiterhin präventive Eingriffsmittel zur Verfügung, um Missstände rechtzeitig zu beseitigen, so dass das System der materiellen Versicherungsaufsicht nicht vollständig weggefallen ist. Bei der Versicherungsaufsicht handelt sich um eine **sog. vertikale Staatsaufsicht**, d.h. für die Versicherungsbranche wurden spezifische Rechtsregeln aufgestellt, deren Einhaltung durch die BaFin kontrolliert werden.

27 Ausgehend von der hohen ökonomischen und sozialen Bedeutung der Versicherungswirtschaft für die Allgemeinheit ist Schutzgut der Versicherungsaufsicht **die Wahrung der Belange der Versicherten** (sog. Schutztheorie). Das Hauptaugenmerk der aufsichtsrechtlichen Tätigkeit liegt auf der Sicherstellung der dauerhaften Erfüllbarkeit der Versicherungsverträge durch die Versicherer. Diesen Aspekt nennt man auch Solvenzaufsicht bzw. **besondere Finanzaufsicht** (§ 294 II 1 Alt. 2 VAG). Die Versicherungsunternehmen bilden in Deutschland neben den Banken die größten Kapitalsammler und -anleger. Bei Fehlentwicklungen drohen Gefahren für die Ansprüche der Versicherten, die gegebenenfalls existenzgefährdend sein können. Ferner können Fehlentscheidungen der Versicherungsunternehmen die gesamte Volkswirtschaft in Schieflage bringen, wie die Turbulenzen am Kapitalmarkt in den USA im Rahmen der letzten Finanzmarktkrise zeigten. Neben der besonderen Finanzaufsicht achtet die BaFin im Rahmen der **allgemeinen Rechtsaufsicht** gemäß § 294 II 1 Alt. 1 VAG auf die ausreichende Wahrung der Belange der Versicherten sowie die Einhaltung der Gesetze, die für den Betrieb des Versicherungsgeschäfts gelten. Der geschützter Kreis der allgemeinen Rechtsaufsicht erstreckt sich auf die Versicherungsnehmer, die versicherten Personen, Versicherungsinteressenten, Bezugsberechtigte, geschädigte Dritte, Rechtsnachfolger der Versicherten, Hypothekengläubiger mit unmittelbaren Ansprüchen sowie die Mitglieder eines VVaG.

- *Ausgangspunkt:* Versicherungsgeschäft basiert in besonderem Maß auf dem Vertrauen der Kunden, so dass langfristige Stabilität des gesamten Finanzsektors notwendig ist.
- *Gesetzliche Grundlage der Aufsicht:* VAG.
- *Hauptziele der Aufsicht gemäß der Generalklausel in § 298 VAG*: Die Versicherungsaufsicht achtet auf die ausreichende Wahrung der Belange der Versicherten sowie die Sicherstellung

der dauerhaften Erfüllbarkeit der Verpflichtungen aus den Versicherungsverträgen durch die Versicherer.

- *Solvenzaufsicht:* Versicherer haben ausreichende versicherungstechnische Rückstellungen zu bilden, die Vermögenswerte sicher und rentabel anzulegen und die kaufmännischen Grundsätze einzuhalten.

Übersicht 4: *Grundsätze des Aufsichtsrechts*

B. Aufsichtssubjekte

Alle privaten und öffentlich-rechtlichen **Versicherungsunternehmen**, die **im Geltungsbereich des Versicherungsaufsichtsgesetzes** die Privatversicherung betreiben und ihren Sitz in Deutschland haben, stehen entweder unter der Aufsicht der BaFin oder der Länderaufsichtsbehörden (§ 1 VAG). Seit Anfang 2002 unterliegen auch **Pensionsfonds** und seit Dezember 2004 inländische **Rückversicherer** der Versicherungsaufsicht nach dem VAG, die durch die BaFin wahrgenommen wird. Es stehen damit rund 532 Versicherungsunternehmen und 30 Pensionsfonds (Stand: August 2017) unter Aufsicht der BaFin. Unter Landesaufsicht stehen knapp 700 in der Regel regional tätige kleinere Versicherungsvereine auf Gegenseitigkeit. Versicherungsunternehmen mit Sitz in einem anderen EU-Staat oder einem Vertragsstaat des EWR, die im Wege des Dienstleistungsverkehrs Geschäfte in Deutschland betreiben, unterliegen primär der Aufsicht durch ihren Herkunftsstaat (sog. **Sitzlandprinzip**; §§ 61 ff. VAG). Die BaFin schreitet aber in Absprache mit der ausländischen Aufsichtsbehörde ein, wenn sie Verstöße gegen allgemeine deutsche Rechtsgrundsätze feststellt. Die heutige deutsche Aufsicht ist EU-rechtlich koordiniert.[28] 28

Die Träger der Sozialversicherung, d.h. die gesetzlichen Krankenkassen, die gesetzliche Rentenversicherung, die Berufsgenossenschaften und die Arbeitslosenversicherung, hingegen unterliegen nicht der Aufsicht nach dem VAG. Sie werden von anderen staatlichen Stellen kontrolliert, wie beispielsweise die gesetzlichen Renten- und Krankenversicherungen vom Bundesversicherungsamt (BVA).

Eine **mittelbare Aufsicht** durch die BaFin erfolgt über die **Versicherungsvermittler**. So hat die BaFin bereits im Jahr 2015 eine Sammelverfügung zur Meldung von Unregelmäßigkeiten im Versicherungsaußen- und Versicherungsinnendienst erlassen, die Vorgaben für 29

[28] Vgl. näher hierzu MüKo-VVG/*Sasserath-Alberti*, AufsichtsR Rn. 90.

die Versicherer trifft, wann und wie Unregelmäßigkeiten im Vertrieb, zum Beispiel betrügerische Handlungen durch Versicherungsvermittler, der BaFin zu melden sind.

C. Aufsichtsrechtliche Handlungsformen

30 Das Rechtsverhältnis zwischen der Aufsichtsbehörde und den überwachten Versicherungsunternehmen ist als ein **öffentlich-rechtliches Dauerverhältnis** gekennzeichnet. Aus der Zuordnung des Aufsichtsrechts zum Wirtschaftsverwaltungsrecht folgt, dass die Aufsichtsbehörde in allen verwaltungsrechtlichen Formen handeln kann. Eine große Tradition hat in der Versicherungsaufsicht die **Rundschreibenpraxis**. So konkretisieren die BaFin-Rundschreiben zum Thema Kapitalanlagen die zugehörigen Bestimmungen im VAG und machen den Versicherern Vorgaben zu den Anlagegrundsätzen, zum Anlagekatalog und vor allem zum Risikomanagement der Kapitalanlagen.

Die aufsichtsbehördlichen Rundschreiben werden in den VerBaFin veröffentlicht. Sie stellen überwiegend schlicht-hoheitliche Mitteilungen von Rechts- und Verwaltungsgrundsätzen dar (§ 318 II Nr. 2 VAG). Die Veröffentlichung führt zu einer Selbstbindung der Aufsichtsbehörde.

31 Die wichtigste Aufsichtsmaßnahme zur Beseitigung von Missständen ist gemäß § 298 I bzw. II VAG die **Anordnung**. Die Anordnung im Einzelfall stellt einen Verwaltungsakt dar. Sie legt die geeigneten Maßnahmen fest, die erforderlich sind, um Missstände zu vermeiden oder zu beseitigen. Die Anordnung ist am Verhältnismäßigkeitsgrundsatz zu messen. Bei Sammelverfügungen handelt es sich um Verwaltungsakte, die sich an mehrere, ggf. an alle Versicherer richten. Es handelt sich dabei verwaltungsrechtlich um eine Allgemeinverfügung i.S.v. § 35 I 2 VwVfG. Die Anordnungen können im Wege der Verwaltungsvollstreckung durchgesetzt werden. Der Rechtsweg ist in der ersten Instanz vor dem VG Frankfurt eröffnet. Widerspruch und Anfechtungsklage haben bei wichtigen Fragen im Bereich der Geschäftspolitik keine aufschiebende Wirkung (§ 310 II VAG). Im Verwaltungsverfahren ist die BaFin passivlegitimiert.

D. Zugangsaufsicht

32 Vor der eigentlichen Beaufsichtigung eines Versicherungsunternehmens durch die laufende Aufsicht steht die Erlaubniserteilung durch die BaFin (sog. **Erlaubnis-/Konzessionspflicht**). Will ein Un-

ternehmen mit Sitz in Deutschland zum Betrieb des Versicherungsgeschäftsgeschäfts zugelassen werden, muss es verschiedene Voraussetzungen erfüllen. Die Erlaubnisvoraussetzungen ergeben sich aus den §§ 8 ff. VAG. Das Unternehmen muss eine bestimmte Rechtsform haben (Numerus clausus der Rechtsform). Als mögliche Rechtsformen nach § 8 II VAG kommen die Aktiengesellschaft (einschließlich der Europäischen Aktiengesellschaft, kurz SE), der Versicherungsvereins auf Gegenseitigkeit (VVaG) oder eine Körperschaft und Anstalt des öffentlich-rechtlichen Rechts in Betracht. Das Unternehmen darf nach § 15 VVG nur Versicherungsgeschäfte und die damit unmittelbar zusammenhängenden Geschäfte betreiben, nicht aber versicherungsfremde Geschäfte. Außerdem gilt das **Prinzip der Spartentrennung**, wonach ein Lebensversicherer nicht gleichzeitig Kranken- oder Schadenversicherer sein darf. Ein Versicherungsunternehmen, das die Rechtschutzversicherung zusammen mit anderen Versicherungssparten betreibt, hat die Leistungsbearbeitung in der Rechtsschutzversicherung einem anderen Unternehmen im Konzernverbund (Schadenabwicklungsunternehmen) zu übertragen. Die Erlaubnis wird gesondert für jede einzelne Versicherungssparte erteilt, vgl. Anlage 1 zum VAG. Das Unternehmen muss im Verfahren der Erlaubniserteilung einen **Geschäftsplan** vorlegen, in dem es beschreibt, welche Risiken es decken will. Es hat die Grundzüge seiner Rückversicherungspolitik darzustellen. Der Versicherer muss nachweisen, dass er mindestens zwei Geschäftsleiter hat, die zuverlässig und fachlich geeignet sind. Die Geschäftsleiter müssen ausreichende Kenntnisse im jeweiligen Versicherungsgeschäft und ausreichende Leitungserfahrung vorweisen können. Das Unternehmen hat weiterhin nachzuweisen, dass es über **genügend Eigenkapital** verfügt. Die einzureichenden Unterlagen und Dokumente bei Antragstellung ergeben sich aus § 9 VAG. Neben den bereits erwähnten Nachweisen (Geschäftsplan, Grundzüge Rückversicherung, Versicherungssparte, Mindestkapital) gehört hierzu beispielsweise die Satzung des Unternehmens und Darlegungen zu den Aufwendungen für die Verwaltung und das Vertreternetz.

Die erteilte Erlaubnis gilt für den gesamten Bereich der EU, sog. **33** **Single-Licence-Prinzip**. Das heißt umgekehrt: Erteilt ein EU/EWR-Staat einem Versicherer die Erlaubnis zum Geschäftsbetrieb, gilt die Erlaubnis auch in Deutschland sowie in allen anderen EU/EWR-Staaten. Man spricht hier auch vom „Europäischen Pass“. Um in einem anderen EU/EWR-Staat tätig werden zu können, muss das Unternehmen nur noch das sogenannte Notifikationsverfahren – in vereinfachtes Prüfverfahren – durchlaufen (§§ 61 ff. VAG).

Zwingende Erlaubnisversagungsgründe (§ 11 I, II VAG) u.a.:

- *Nr. 1:* Nach dem Geschäftsplan und den nach § 9 II bis IV vorgelegten Unterlagen ist nicht genügend dargetan, dass die Verpflichtungen aus den Versicherungen dauernd erfüllbar sind.
- *Nr. 2:* Ungeeignete Geschäftsleiter
- *Nr. 3:* Unzulässige Inhaber einer bedeutenden Beteiligung
- *Nr. 4:* Keine ausreichende Wahrung der Versichertenbelange (sehr weit gefasste Generalklausel)

Übersicht 5: *Zwingende Erlaubnisversagungsgründe (Beispiele)*

Lebensversicherer und substitutive Krankenversicherer müssen als Garant für die Einhaltung der versicherungsmathematischen Grundsätze einen „Verantwortlichen Aktuar" bestellen (§§ 141, 156 VAG).

34 Die Unternehmen der substitutiven Krankenversicherung (Krankenversicherung anstelle der gesetzlichen Sozialversicherung) sowie Versicherer von Pflichtversicherungen (z.B. Kfz- Haftpflichtversicherung) haben nach § 9 IV Nr. 4, 5b VAG die allgemeinen Versicherungsbedingungen einzureichen. Bis auf diese Ausnahmen besteht nach der Deregulierung des Aufsichtsrechts durch die EU **keine systematische Vorlagepflicht** an die Aufsichtsbehörde, d.h. es gibt keine präventive Tarif- und Bedingungsgenehmigung.

Nach § 1 VAG i.V.m. § 7 Nr. 33, 34 VAG unterliegen der Versicherungsaufsicht Unternehmen, die ein Versicherungsgeschäft betreiben. Der Begriff der Versicherung ist gesetzlich nicht geregelt. Rechtlich werden zwei Definitionsansätze verwendet.[29]

Funktionale Betrachtung:

- *Bedarfstheorie* → der durch den Versicherungsfall eintretende Bedarf wird gedeckt.
- *Vermögensgestaltungstheorie* → Versicherung schützt die vom VN geplante Vermögensgestaltung.
- *Schadensbeseitigungstheorie* → Versicherung dient der Schadensbeseitigung.

[29] Vgl. vertiefend hierzu MüKo-VVG/*Grote*, AufsichtsR Rn. 155 ff. m.w.N.

Merkmalbezogene Betrachtung (BVerwG):

Ein Versicherungsunternehmen übernimmt durch eine selbständige Verpflichtung gegen Entgelt für den Fall eines ungewissen Ereignisses bestimmte Leistungen, wobei das Risiko auf eine Vielzahl von Personen verteilt ist und damit der Risikoübernahme das Gesetz der großen Zahl zugrunde liegt.

Übersicht 6: *Definition Versicherungsgeschäft i.S.v. § 1 VAG*

E. Laufende Rechts- und Fachaufsicht

Bei der laufenden Aufsicht überwacht die Versicherungsaufsicht Unternehmen, denen sie die Erlaubnis erteilt hat. Dabei ist zwischen allgemeiner Rechtsaufsicht und Fachaufsicht zu unterscheiden. Die Fachaufsicht bezieht sich auf die Kapitalanlagen. Im Rahmen der Aufsicht sammelt die BaFin Informationen, wertet sie aus und beobachtet den Geschäftsbetrieb des Versicherers, um **Missständen vorzubeugen** oder solche rechtzeitig zu erkennen. Treten Missstände auf, schreitet sie ein, um möglichst schnell wieder geordnete Verhältnisse herzustellen. Zentrale Ermächtigungsgrundlage im Rahmen der Aufsicht ist § 298 VAG (Generalklausel). Im Übrigen sind die Befugnisnormen über das VAG verteilt. Wichtige Informationen erhält die Aufsicht aus der Rechnungslegung der Unternehmen. In gewissen Abständen oder bei Bedarf verschafft sich die Aufsicht auch durch örtliche Prüfungen am Sitz des Unternehmens vertiefte Einblicke über die Lage des Unternehmens. Die Mitarbeiter der BaFin suchen unter Umständen aber auch die Geschäftsstellen oder Zweigniederlassungen in anderen Staaten der EU und des EWR auf. Ihnen sind auf Verlangen alle Unterlagen vorzulegen und alle gewünschten Auskünfte zu geben. Bei der laufenden Aufsicht achtet die Aufsichtsbehörde vor allem auf folgende Gesichtspunkte: Der Versicherer muss seinen Geschäftsbetrieb ordnungsgemäß führen und alle gesetzlichen und aufsichtsbehördlichen Vorschriften einhalten. Bei Lebensversicherungen ist darüber zu wachen, dass die Überschussbeteiligungen angemessen sind und dass Leistungen korrekt erbracht werden. Das Versicherungsunternehmen muss für die erwarteten Leistungen angemessene Prämien erheben und ausreichende versicherungstechnische Rückstellungen bilden. Die Kapitalanlage muss risikogerecht sein. Ferner muss das Versicherungsunternehmen über genügend freie Finanzmittel verfügen, um unerwartete Verluste verkraften zu können. Das Versicherungsunternehmen hat die kaufmännischen Grundsätze einzuhalten (z.B. ord- **35** nungsgemäße Buchführung und Rechnungslegung). Bilanzen und Erfolgsrechnungen haben die tatsächliche Vermögens-, Finanz- und Ertragslage des Unternehmens widerzuspiegeln. Das Unternehmen muss zur Planung, Steuerung und Kontrolle ein angemessenes internes Kontrollsystem installieren (Controlling). Die Eigenmittelausstattung (Solvabilität) des Versicherers muss ausreichend sein, ggf. hat der Versicherer der Aufsicht einen Solvabilitäts- oder Finanzierungsplan vorzulegen.

Im Rahmen der Versicherungsaufsicht kann auch die Korrektur von AVB angeordnet werden, wenn diese die Belange der Versicherten beeinträchtigen. Die Versicherungsaufsicht nimmt damit Einfluss auf das Versicherungsvertragsrecht.

F. Europäisierung des Aufsichtsrechts: Solvency II

36 Die Europäisierung des Aufsichtsrechts schreitet immer weiter voran. So ist Solvency II eines der wichtigsten Projekte im Bereich Finanzdienstleistungen auf EU-Ebene. Ziel war es, die Solvabilitätsvorschriften (Eigenmittelanforderungen) für Versicherungsunternehmen zu einem konsequent risikoorientierten System der Finanzaufsicht weiterzuentwickeln. Am 1. Januar 2016 ist das neue europäische Aufsichtsregime Solvency II vollständig in Kraft getreten. Die Solvency II-Richtlinie (Richtlinie 2009/138/EG) führt weiterentwickelte Solvabilitätsanforderungen für Versicherer ein, denen eine ganzheitliche Risikobetrachtung zugrunde liegt, und stellt neue Bewertungsvorschriften hinsichtlich Vermögenswerten und Verbindlichkeiten auf, die künftig mit Marktwerten anzusetzen sind. Auf diese Weise soll das Risiko der Insolvenz eines Versicherers verringert werden. Die Versicherer werden folglich animiert, ihr eigenes, internes Risikomanagement zu verbessern. Darüber hinaus wird mit Solvency II eine angemessene Harmonisierung der Aufsicht in Europa erreicht. Solvency II setzt auf eine 3-Säulen-Struktur.

Die **erste Säule** behandelt **quantitative Fragestellungen**. Sie enthält Regelungen zu der Bewertung der Aktiva und Passiva, insbesondere zu den versicherungstechnischen Rückstellungen und zu den tatsächlich vorhandenen Eigenmitteln. Das Solvency Capital Requirement (SCR) beschreibt dabei die regulatorische Solvenzkapitalanforderung.[30] Sie kann entweder unter Verwendung einer vorgegebenen Standardformel oder durch ein vom Unternehmen entwickeltes internes Modell berechnet werden. Das Minimum Capital Requirement (MCR)

---

[30] MüKo-VVG/*Langheid*, AufsichtsR Rn. 55.

behandelt die regulatorische Untergrenze des zu haltenden Solvenzkapitals. Es stellt die letzte aufsichtsrechtliche Eingriffsschwelle dar, bevor dem Unternehmen die Erlaubnis entzogen wird.

Die **zweite Säule** befasst sich mit den **qualitativen Anforderungen** an Versicherungsunternehmen und Aufsichtsbehörden. Versicherer müssen das Vorhandensein einer Risikostrategie, einer angemessenen Aufbau- und Ablauforganisation, eines internen Steuerungs- und Kontrollsystems und einer internen Revision nachweisen. Es gilt der Grundsatz einer doppelten Proportionalität: Gleiche Prinzipien für alle. Die Umsetzung muss sich allerdings an dem jeweils vorhandenen Geschäftsmodell des Unternehmens orientieren. Das aufsichtliche Überprüfungsverfahren, der so genannte Supervisory Review Process (SRP), muss das Proportionalitätsprinzip ebenfalls umsetzen.[31]

Die **dritte Säule** beinhaltet **Berichtspflichten** sowohl gegenüber der Aufsichtsbehörde als auch gegenüber der Öffentlichkeit. Unter Solvency II haben die qualitativen Aussagen vor allem zur Unternehmensstrategie, zum Risikomanagement und zur Anwendung des Standard- oder internen Modells einen großen Stellenwert erhalten. Die quantitativen Anforderungen an das Solvenzkapital müssen veröffentlicht werden. Kapitalzuschläge durch die Aufsicht (Capital add ons) sind in die Veröffentlichung einzubeziehen.

Fallbeispiel Versicherungsaufsicht:[32] VR X lehnt gegenüber seinem VN A die Leistung aus einer Unfallversicherung ab. Daraufhin wendet sich A an die BaFin mit der Bitte um aufsichtsrechtliches Einschreiten. Nach Prüfung der Bitte, die die BaFin als Beschwerde wertet, teilt sie A mit, dass kein Grund zum einem aufsichtsrechtlichen Einschreiten vorliege. A klagt daraufhin vor dem VG Frankfurt auf aufsichtsrechtliches Einschreiten der BaFin gegen VR X. Hat die Klage Erfolg?

Die erhobene Klage ist als Verpflichtungsklage gemäß § 42 I VwGO statthaft, da das Begehren des Klägers auf den Erlass eines unterlassenen Verwaltungsaktes im Sinne des § 35 I VwVfG gerichtet ist. Die Klage ist aber bereits unzulässig, da der A nicht geltend machen kann, durch die Ablehnung oder Unterlassung in seinen Rechten verletzt zu sein (§ 42 II VwGO). Unter den „Belangen der Versicherten" i.S.v. § 298 I i.V.m. 294 II VAG sind die Belange der Gesamtheit der Versicherten, nicht aber jedes einzelnen Versicherten zu verstehen. Der einzelne Versicherte hat kein subjektiv

[31] Vgl. vertiefend hierzu MüKo-VVG/*Langheid*, AufsichtsR Rn. 56.

[32] Nach VG Frankfurt VersR 2004, 1397 f.

öffentliches Recht auf die gesetzmäßige Ausübung der Aufsicht über Versicherungsunternehmen, die nicht den Interessen des Einzelnen dient, sondern ihm allenfalls als bloßer Rechtsreflex zugute kommen kann. Die Weigerung der Aufsichtsbehörde, gegen eine ihrer Aufsicht unterstehendes Unternehmen im Aufsichtsweg einzuschreiten, ist ebenso wenig ein Verwaltungsakt wie die Ablehnung eines dahingehenden Antrags (hier: lediglich Hinweis ohne Regelungsgehalt).

Kapitel 3. Versicherungsvertragsrecht

A. Vertragsschluss

Der Abschluss des Versicherungsvertrages richtet sich grundsätzlich nach den allgemeinen Regeln des BGB. Das VVG enthält jedoch einige Sonderregeln, wie die Beratungs- und Informationspflichten des Versicherers nach §§ 6, 7 VVG oder das Widerrufsrecht gemäß §§ 8, 9 VVG, welche den allgemeinen BGB-Vorschriften als **lex specialis** vorgehen. 37

I. Qualifiziertes Antragsmodell

Der Versicherungsvertrag kommt wie jeder Vertrag durch zwei korrespondierende Willenserklärungen, Antrag und Annahme, nach §§ 145 ff. BGB zustande. Das VVG geht in § 7 von einem **qualifizierten Antragsmodell** aus. Der Gesetzgeber betrachtet somit das Antragsmodell als Regelfall des Vertragsschlusses. Danach wird der **Antrag** auf Abschluss des Versicherungsvertrages **durch den Versicherungsnehmer** gestellt, nachdem zuvor der Versicherer diesen umfassend über die Einzelheiten des gewünschten Versicherungsvertrages informiert hat. Gemäß § 7 I 1 VVG hat der Versicherer dem Versicherungsnehmer rechtzeitig vor Abgabe seiner Vertragserklärung seine Vertragsbestimmungen einschließlich der Allgemeinen Versicherungsbedingungen sowie die in der VVG-InfoV bestimmten **Informationen** (z.B. ladungsfähige Anschrift des Versicherers, Handelsregistereintrag, Gesamtpreis der Versicherung einschließlich aller Steuern und sonstigen Preisbestandteile) **in Textform** mitzuteilen. Wird der Vertrag auf Verlangen des Versicherungsnehmers telefonisch oder unter Verwendung eines anderen Kommunikationsmittel wie dem Internet geschlossen, so dass die Bereitstellung der notwendigen Informationen in Textform vor Abgabe der Vertragserklärung des Versicherungsnehmers unmöglich ist,[33] so müssen die Informationen unverzüglich nach Vertragsschluss nachgeholt werden (§ 7 I 3 VVG). Dies 38

---

[33] Die Unmöglichkeit der Übermittlung der notwendigen Informationen *beim Vertragsschluss im Internet* folgt daraus, dass das Herunterladen der Informationen nicht der geforderten Textform genügt. Erst das Ausdrucken durch den Versicherungsnehmer entspricht diesen Anforderungen.

gilt auch für den Fall, dass der Versicherungsnehmer durch eine gesonderte schriftliche Erklärung auf eine Information durch den Versicherer vor Abgabe seiner Vertragserklärung ausdrücklich verzichtet hat. Gesonderte Erklärung heißt dabei, dass der Verzicht auf die vorgeschriebenen Informationen vor Abgabe der Vertragserklärung in einem abgesonderten, speziellen Schriftstück zu erfolgen hat und nicht etwa im Antragsformular.[34] Ein separates Blatt Papier innerhalb der sonstigen Vertragsunterlagen, welches der Versicherungsnehmer unterschrieben hat, ist dabei ausreichend.

39 Die Zulässigkeit eines formularmäßigen Informationsverzichtes ist im Hinblick auf § 307 II Nr. 1 BGB umstritten.[35] Problematisch beim Antragsmodell ist ferner noch die Frage, was unter **rechtzeitiger Information** vor Abgabe der Vertragserklärung zu verstehen ist. Die vorvertragliche Informationspflicht nach § 7 VVG hat das Ziel eines bei Abgabe seiner Vertragserklärung informierten Versicherungsnehmers. Sie soll ihm seine Interessenwahrnehmung bei Vertragsschluss und während der Laufzeit des Vertrages erleichtern. Der Zeitpunkt, wann die Informationen zu übermitteln sind, hängt von den Umständen des Einzelfalles ab. Es gibt keine starre Frist.[36] Maßgeblich sind v.a. die Komplexität des Versicherungsproduktes und die Situation des Versicherungsnehmers. Hat ein Versicherungsnehmer nach Lektüre des Produktinformationsblattes keinen weiteren Informationsbedarf, wäre es im Hinblick auf seine Eigenverantwortung unangemessen, ihm zwingende Überlegungsfristen einzuräumen. Fest steht damit jedoch, dass die Information nicht mit dem Vertragsschluss zusammenfallen darf und dass „rechtzeitig" spätestens vor Abgabe der Vertragserklärung durch den Versicherungsnehmer bedeutet.[37] Bei Versicherungen über Großrisiken ist § 7 I VVG gemäß Abs. 5 der Vorschrift nicht anwendbar.

40 Die **Annahme** erfolgt im Antragsmodell grundsätzlich durch den Versicherer. Die Annahmerklärung kann ausdrücklich oder konkludent erfolgen. Oft liegt sie in der Übersendung des Versicherungsscheines. In Ausnahmefällen erfolgt beim Antragsmodell die Annahme durch den Versicherungsnehmer, etwa wenn der Versicherer den Antrag des Versicherungsnehmers nicht innerhalb der Bindungsfrist annimmt. Die verspätete Annahme (z.B. durch Übersendung des Versicherungs-

---

[34] MüKo-VVG/*Armbrüster*, § 7 Rn. 80; Hk-VVG/*Schimikowski*, § 7 Rn. 22; a.A. Prölss/Martin/*Rudy*, § 7 Rn. 17 (drucktechnisch deutliche Hervorhebung auf dem Antrag genügt).

[35] Vgl. hierzu Prölss/Martin/*Rudy*, § 7 Rn. 18 m.w.N.

[36] Hk-VVG/*Schimikowski*, § 7 Rn. 5.

[37] MüKo-VVG/*Armbrüster*, § 7 Rn. 67.

scheines) gilt dann nach § 150 I BGB als Antrag des Versicherers, den der Versicherungsnehmer noch annehmen muss.

II. Invitatiomodell

Mangels zwingender gesetzlicher Vorgaben hinsichtlich eines Vertragsschlussmodells kommt neben dem Regelfall Antragsmodell auch das sog. Invitatiomodell in Betracht.[38] Danach stellt der Versicherungsnehmer keinen bindenden Antrag auf Abschluss des Versicherungsvertrages, sondert fordert den Versicherer zur Abgabe eines entsprechenden Angebotes auf (**invitatio ad offerendum**). Der Versicherungsnehmer teilt somit nur seinen Versicherungswunsch sowie durch Beantwortung von Fragen sein Risikoprofil mit. Will der Versicherer den gewünschten Versicherungsvertrag abschließen, übersendet er dem Versicherungsnehmer den Versicherungsschein nebst den AVB und den nach § 7 VVG notwendigen Informationen. Die Übersendung der Police nebst Informationen stellt rechtlich einen Antrag des Versicherers auf Abschluss eines Versicherungsvertrages dar. Der Versicherungsnehmer muss nun diesen Antrag annehmen, wenn es zum Vertragsschluss kommen soll. Problematisch ist hierbei, wann von einer konkludenten Annahmeerklärung des Versicherungsnehmers ausgegangen werden kann. Das bloße Schweigen oder das widerspruchslose Dulden der Abbuchung der Erstprämie im Lastschriftverfahren stellen keine konkludente Annahmeerklärung dar, wenn der Versicherungsnehmer diese bereits bei Äußerung seines Versicherungswunsches (invitatio da offerendum) erteilt hat.[39] Es bedarf vielmehr immer eines aktiven Verhaltens des Versicherungsnehmers. 41

III. Policenmodell

Vor der Reform des VVG im Jahre 2008 war das Policenmodell das verbreitete Vertragsschlussmodell der Versicherungswirtschaft. Danach stellte der Versicherungsnehmer den (wegen eines Widerspruchsrechts zunächst nicht bindenden) Antrag auf Abschluss des Vertrages, ohne über die Vertragsbestimmungen sowie weitere Informationen zu verfügen. Diese wurden erst mit der Annahme des Antrages seitens des Versicherers durch Übersendung der Versicherungspolice übermittelt. Durch Einführung des § 7 VVG ist das **Policenmodell abgeschafft**.[40] Die Übermittlung der Informationen nach Antragstellung des Versiche- 42

[38] MüKo-VVG/*Looschelders*, § 1 Rn. 141.
[39] VersRHdb/*Johannsen*, § 8 Rn. 39; a.A. Hk-VVG/*Schimikowski*, § 7 Rn. 35.
[40] VersRHdb/*Johannsen*, § 8 Rn. 38.

rungsnehmers ist mit Ausnahme der Fälle des § 7 I 3 VVG verspätet und damit unzulässig. Zwar wird die rechtliche Wirksamkeit des Vertrages davon nicht berührt; dieses Vertragsmodell ist jedoch nicht europarechtskonform. Die eingeführte Informationspflicht geht zurück auf eine europäische Richtlinie.[41] Bis zur Übersendung aller erforderlichen Informationen (auch noch nach Jahren) könnte sich der Versicherungsnehmer jederzeit vom Vertrag lösen, da die Widerrufsfrist erst mit Übersendung aller Informationen in Textform beginnt (§ 8 II VVG).

IV. Vertragsschluss im Internet (elektronischer Geschäftsverkehr)

42a Die beiderseitigen Willenserklärungen des Versicherungsnehmers und des Versicherers können auch über das Internet abgegeben werden. Die Internetseite des Unternehmens bildet allerdings in der Regel nur eine invitatio ad offerendum. Sie stellt ein **elektronisches Antragsformular** zur Verfügung, das der Kunde online ausfüllen und entweder elektronisch übermitteln oder aber ausdrucken und dem Versicherer zusenden kann. Die Annahme geschieht in diesen Fällen entweder ebenfalls online oder herkömmlich durch Übersendung des Versicherungsscheins per Post.[42]

Wenn bei diesem Modell die Willenserklärung des Versicherungsnehmers elektronisch erstellt und übermittelt wird, treffen den Versicherer die zusätzlichen Pflichten nach **§ 312i I Nr. 1–4 BGB**. Ohne Erfüllung dieser Pflichten beginnt die Widerrufsfrist nicht zu laufen (§ 8 IV VVG).

V. Der Versicherungsschein

43 Der Versicherer hat dem Versicherungsnehmer gemäß **§ 3 I VVG** einen Versicherungsschein in Textform, auf Verlangen als Urkunde, zu übermitteln. Der Versicherungsvertrag kommt jedoch unabhängig von der Übermittlung des Versicherungsscheins (Police) zustande. Der Versicherungsschein dient damit als Beweismittel über den geschlossenen Vertrag und ist für den Versicherungsnehmer Informationsquelle über seine Rechte und Pflichten. Der Anspruch auf Ausstellung und Übermittlung des Versicherungsscheines besteht ab dem Zeitpunkt des Zustandekommens des Versicherungsvertrages. Die **Beweis- und Legitimationsfunktion** des Versicherungsscheins gebietet es, dass

---

[41] Richtlinie 2002/65/EG des Europäischen Parlaments und des Rates vom 23.09.2002, ABl. L 271, S. 16.

[42] Prölss/Martin/*Armbrüster*, § 1 Rn. 64.

dieser den gesamten Inhalt des geschlossenen Vertrages abbildet.[43] Dabei genügt jedoch eine Verweisung insbesondere auf die AVB. Für die notwendige Übermittlung in Textform genügt gemäß § 126b BGB anstelle der Urkundenübersendung per Post auch die Übersendung per E-Mail, Telegramm und Telefax. Entscheidend ist nur, dass der übermittelte Versicherungsschein zur dauerhaften Wiedergabe in Schriftzeichen geeignet ist. Der Downloadabruf auf einer Internetseite ist nicht ausreichend.[44] Der Versicherungsschein wird aufgrund seiner Beweisfunktion überwiegend als **Schuldschein** i.S.v. §§ 371, 952 BGB eingeordnet.[45] Er ist nicht selbständig verkehrsfähig.

VI. Abweichender Versicherungsschein

Weicht der Versicherungsschein inhaltlich zum Nachteil des Versi- **44**
cherungsnehmers von dessen Antrag ab, liegt hierin kein weiteres Vertragsangebot des Versicherers gemäß § 150 II BGB, da die versicherungsrechtliche **Billigungsklausel nach § 5 VVG** als Spezialregelung eingreift. Die Abweichung von der Grundregel des § 150 II BGB dient dahingehend der Rechtssicherheit, dass der Versicherungsnehmer unabhängig von einer ausdrücklichen Annahmeerklärung immer Versicherungsschutz genießt. Nach § 5 VVG gilt die Abweichung des Versicherungsscheines vom Antrag des Versicherungsnehmers oder sonstiger getroffenen Vereinbarungen als genehmigt, wenn der Versicherer die Hinweispflichten nach § 5 II VVG erfüllt und der Versicherungsnehmer nicht binnen eines Monats nach Zugang des Versicherungsscheines in Textform widerspricht. Der Versicherer hat den Versicherungsnehmer nach § 5 II 1 VVG auf diese Rechtsfolge (die Genehmigungsfiktion bei fehlendem Widerspruch) bei Übermittlung des Versicherungsscheines hinzuweisen. Ferner muss der Versicherer gemäß § 5 II 2 VVG auf jede Abweichung und die hiermit verbundenen Rechtsfolgen durch einen auffälligen Hinweis im Versicherungsschein aufmerksam machen. Liegen diese Voraussetzungen vor, d.h. der Versicherungsnehmer wurde über sein Widerspruchsrecht und die Genehmigungsfiktion im Falle einer Nichtausübung belehrt, kommt dem Schweigen hier ausnahmsweise rechtserhebliche Bedeutung zu. Der Inhalt des Vertrages wird dann allein durch den Inhalt des Versicherungsscheines bestimmt (konstitutive vertragsgestaltende Wirkung).

Erfüllt der Versicherer die Hinweispflichten nach § 5 II VVG jedoch nicht, so ist der Vertrag als mit dem Inhalt des Antrages des

[43] MüKo-VVG/*Armbrüster*, § 3 Rn. 16.
[44] Hk-VVG/*Brömmelmeyer* § 3 Rn. 16.
[45] MüKo-VVG/*Armbrüster*, § 4 Rn. 1; Prölss/Martin/*Rudy*, § 3 Rn. 1.

Versicherungsnehmers geschlossen (§ 5 III VVG). Im Falle der inhaltlichen Abweichung des Versicherungsscheines zum Vorteil des Versicherungsnehmers kommt der Vertrag unabhängig von § 5 II VVG mit dem abweichenden Inhalt zustande, wenn der Versicherungsnehmer nicht binnen eines Monats widerspricht.[46]

VII. Widerrufsrecht

45 Der Versicherungsnehmer hat gemäß **§ 8 I 1 VVG** das Recht, seine Vertragserklärungen **binnen zwei Wochen** zu widerrufen. Dieses Recht steht natürlichen und juristischen Personen gleichermaßen zu und ist insbesondere – anders als in § 355 BGB – nicht auf Verbraucher beschränkt.

1. Voraussetzungen

46 Der Widerruf ist in **Textform** gegenüber dem Versicherer zu erklären und muss keine Begründung enthalten (§ 8 I 2 VVG). Zur Fristwahrung reicht die rechtzeitige Absendung des Widerrufes durch den Versicherungsnehmer. In der Lebensversicherung wurde die Widerrufsfrist nach § 152 I VVG auf 30 Tage verlängert.[47] Der Beginn der Widerrufsfrist ist davon abhängig, dass dem Versicherungsnehmer der Versicherungsschein und die Vertragsbestimmungen einschließlich der AVB und der Informationen nach § 7 I, II VVG in Textform zugegangen sind. Weiterhin muss dem Versicherungsnehmer eine deutlich gestaltete Belehrung des Versicherungsnehmers über sein Widerrufsrecht und die Rechtsfolgen des Widerrufs samt Name und Adresse des Widerrufsgegners in Textform zugegangen sein (Widerrufsbelehrung). Ferner ist der Hinweis auf den Fristbeginn und die Regelungen des § 8 I 2 VVG notwendig. Eine ausdrückliche Belehrung über die Berechnung der Frist gem. § 187 I BGB ist dabei nicht erforderlich.[48] Die eben genannte Belehrung ist ausreichend, wenn sie der in der Anlage zum VVG abgedruckten **Musterwiderrufsbelehrung** entspricht (§ 8 V 1 VVG). Beim Vertragsschluss im elektronischen Geschäftsverkehr muss der Versicherer außerdem die in § 312i I 1 BGB geregelten Pflichten erfüllen (§ 8 IV VVG).[49]

47 Liegt eine ordnungsgemäße Belehrung nicht vor und/oder ist die Übermittlung der notwendigen Vertragsunterlagen sowie Informatio-

---

[46] BGH NJW 2016, 2808

[47] Vgl. hierzu Rn. 197.

[48] BGH VersR 2015, 829.

[49] Vgl. Rn. 42a.

nen i.S.d. §§ 8 II Nr. 1, 7 I, II VVG (und ggf. § 312i I 1 BGB) unterblieben, so beginnt die Widerrufsfrist nicht zu laufen. Folge ist vielmehr ein **„ewiges Widerrufsrecht“**, d.h. das Widerrufsrecht erlischt nicht durch Zeitablauf. Der Versicherungsnehmer könnte bei fehlenden Informationen unter Umständen noch Jahre nach Vertragsschluss widerrufen. Der Versicherer kann aber eine zunächst unzureichende Widerungsbelehrung nachbessern (Nachbelehrung). Außerdem **erlischt das Widerrufsrecht**, wenn der Vertrag von beiden Seiten auf ausdrücklichen Wunsch des Versicherungsnehmers vollständig erfüllt worden ist (§ 8 III 2 VVG).[50] Die Beweislast für den Zugang der erforderlichen Unterlagen (Versicherungsschein, AVB etc.) trägt gemäß § 8 II 2 VVG der Versicherer. Eine formularmäßige Zugangsbestätigung muss den Anforderungen des § 309 Nr. 12b BGB entsprechen. Die empfangenen Dokumente müssen konkret beschrieben sein. Eine Bestätigungspflicht für den Versicherungsnehmer besteht nicht. Die Übersendung unwirksamer Vertragsbestimmungen und AVB (bspw. wegen Intransparenz) steht dem Beginn der Widerrufsfrist nicht entgegen (str.).[51]

Die Berechnung der Widerrufsfrist richtet sich nach den allgemeinen Vorschriften der §§ 186 ff. BGB. Bei einem Vertragsschluss nach dem sog. Invitatio-Modell beginnt die Widerrufsfrist nicht bereits mit Zugang der Vertragsunterlagen, sondern erst mit Zugang der Annahmeerklärung des Versicherungsnehmers beim Versicherer. Schließlich stellt die Zusendung der „Vertragsdokumente“ durch den Versicherer nur den Antrag mit Aufforderung zur Annahme durch den Versicherungsnehmer dar.

Der **persönliche Anwendungsbereich** des Widerrufsrechts ist **47a** durch § 7d S. 2 VVG auf die versicherte Person bei Gruppenversicherungsverträgen für Restschuldversicherungen ausgedehnt worden.[52] Die Informations- und Belehrungspflichten treffen dann den Versicherungsnehmer dieser Versicherung, also i.d.R. den Darlehensgeber (§ 7d S. 1 VVG).

Der **sachliche Anwendungsbereich** des Widerrufsrechts ist durch **48** § 8 III VVG beschränkt. Danach besteht das Widerrufsrecht nicht bei Kurzverträgen von weniger als einem Monat, bei Verträgen über die vorläufige Deckung, bei Verträgen bei Pensionskassen aufgrund arbeitsvertraglicher Regelungen, es sei denn, es handelt sich um einen Fernabsatzvertrag. Ferner besteht das Widerrufsrecht nicht bei Verträgen über ein Großrisiko (vgl. § 210 VVG).

---

[50] Vgl. zu den Voraussetzungen LG Offenburg BeckRS 2012, 23746.

[51] MüKo-VVG/*Eberhardt*, § 8 Rn. 35 m.w.N.

[52] Vgl. auch Rn. 49a.

48a Einem nicht verfristeten Widerrufsrecht kann in Ausnahmefällen der Einwand der **Verwirkung** (§ 242 BGB) entgegengehalten werden. Neben einem Zeitmoment ist hierfür erforderlich, dass der Versicherer auf den Fortbestand des Vertrags vertrauen durfte und die spätere Durchsetzung des Widerrufsrechts für ihn einen unzumutbaren Nachteil bedeuten würde (Umstandsmoment).[53]

2. Rechtsfolgen

49 Die Rechtsfolgen des (wirksamen) Widerrufes sind in **§ 9 I VVG** geregelt. Bei wirksamem Widerruf endet der Vertrag „ex nunc", d.h. ab Zugang der Widerrufserklärung beim Versicherer. Bis zum Widerruf ist der Vertrag schwebend wirksam. Ein eingetretener Versicherungsfall während der laufenden Widerrufsfrist löst ggf. einen Leistungsanspruch des Versicherungsnehmers aus. Bei ordnungsgemäßer Widerrufsbelehrung und dem Hinweis über den im Falle des Widerrufs zu zahlenden Prämienanteil bekommt der Versicherungsnehmer die Prämien nur für die Zeit ab Zugang des Widerrufes erstattet (§ 9 I 1 VVG). Voraussetzung ist, dass der Versicherungsnehmer dem Beginn des Versicherungsschutzes vor Ende der Widerrufsfrist zugestimmt hat. Bei Unterlassen des von § 9 I 1 VVG geforderten Hinweises hat der Versicherer zusätzlich die für das erste Jahr des Versicherungsschutzes gezahlte Prämie zu erstatten. Dies gilt nicht, wenn der Versicherungsnehmer Leistungen aus dem Versicherungsvertrag in Anspruch genommen hat.

Prüfungsschema: Widerrufsrecht (§ 8 VVG)

1. Kein Ausschluss des Widerrufsrechts nach § 8 III VVG

2. Ordnungsgemäße Widerrufserklärung des VN

- Auslegung des Willens lässt auf Vertragslösung schließen
- in Textform, auch per E-Mail möglich
- keine Begründung erforderlich

3. Frist

- grundsätzlich zwei Wochen, § 8 I 1 VVG (30 Tage bei Lebensversicherung)
- Absendung des Widerrufes genügt zur Fristwahrung

---

[53] BGH NJW 2014, 2646 Rn. 39 ff.

- Frist beginnt erst mit Zugang von Versicherungsschein, Vertragsbestimmungen, AVB und notwendigen Informationen i.S.v. § 7 I, II VVG sowie Belehrung nach § 8 II 1 Nr. 2 VVG
- bei Vertragsschluss im elektronischen Geschäftsverkehr außerdem § 312i I 1 BGB (§ 8 IV VVG)

4. Rechtsfolgen nach § 9 VVG

- Vertragsbeendigung ex-nunc
- Prämienrückerstattung von Beachtung der Hinweispflicht nach § 9 I 1 VVG abhängig

***Übersicht** 7: Prüfungsschema Widerrufsrecht*

3. Zusammenhängende Verträge

Der Versicherungsvertrag kann mit einem anderen Vertrag zusammenhängen (§ 9 II VVG). Der erforderliche Bezug liegt nicht schon dann vor, wenn zugleich ein weiterer, völlig andere Risiken deckender Versicherungsvertrag abgeschlossen wird. Anders ist es bspw., wenn neben der Hausratversicherung eine separate Fahrradversicherung abgeschlossen wird.[54] Als weiterer wichtiger Fall ist die Verknüpfung von Darlehensvertrag und **Restschuldversicherung**[55] zu nennen (vgl. auch Art. 247 § 8 I 1 EGBGB). Dabei schließt üblicherweise das Kreditinstitut eine Gruppenversicherung bei einem Versicherungsunternehmen, in die der Darlehensnehmer als versicherte Person einbezogen wird (vgl. § 7d VVG).[56] Die (einmalig) anfallende Versicherungsprämie wird dem Darlehensvertrag hinzugerechnet, d.h. die Restschuldversicherung wird über das Darlehen finanziert.[57] Der Widerruf des Versicherungsvertrages wirkt sich dann auch auf den Darlehensvertrag aus (§ 9 II 1 VVG). Umgekehrt gerät der Versicherungsvertrag in Wegfall, wenn der Verbraucherdarlehensvertrag widerrufen wird (§§ 495 I, 360 I 1 BGB). Für einen solchen Widerrufsdurchgriff bedarf es nicht (mehr) der Annahme eines verbundenen Vertrages i.S.v. § 358 III BGB.[58] **49a**

---

[54] Prölss/Martin/*Ambrüster*, § 9 Rn. 44.

[55] Häufig auch Ratenschutz- oder Kreditausfallversicherung genannt.

[56] Vgl. zu den Einzelheiten Prölss/Martin/*Schneider*, vor § 150 Rn. 24 ff.; *Brömmelmeyer*, VersR 2015, 1460.

[57] Vgl. zur typischen Ausgestaltung BGH NJW-RR 2015, 801.

[58] Vgl. hierzu BGH NJW 2010, 531; OLG Schleswig MDR 2010, 1069. Diese Entscheidungen betreffen die Rechtslage vor Einführung der jetzigen § 360 BGB, § 9 II VVG.

VIII. Vorvertragliche Beratungspflichten

50 Nach **§ 6 VVG** treffen den Versicherer in der Angebotsphase anlassbezogen je nach Schwierigkeit bei der Beurteilung der angebotenen Versicherung oder der Person des Versicherungsnehmers **Befragungs-, Beratungs- einschließlich Begründungspflichten sowie Dokumentationspflichten**. Beratungsadressat ist der Versicherungsnehmer. Für Versicherungsvermittler bestehen eigene entsprechende Pflichten nach § 61 VVG und ggf. weitere Pflichten aus dem Maklervertrag.

Die vorvertragliche Fragepflicht hat sich nach den Wünschen und Bedürfnissen des Versicherungsnehmers auszurichten. Auf dieser Beratungsgrundlage hat der Versicherer den Versicherungsnehmer in einem angemessenen Verhältnis von Beratungsaufwand und der vom Versicherungsnehmer zu zahlenden Prämie zu beraten. Die Gründe für jeden zu einer bestimmten Versicherung erteilten Rat sind anzugeben. Bei der diesbezüglichen **Dokumentierung** hat der Versicherer die Komplexität des angebotenen Versicherungsvertrages zu berücksichtigen (§ 6 I 1 VVG). Vor Abschluss des Versicherungsvertrages sind der erteilte Rat und die Gründe klar und verständlich in Papierform oder auf einem dauerhaften Datenträger **zu übermitteln** oder auf der Internetseite des Versicherers mit personalisiertem Zugang verfügbar zu machen (§ 6a I, II VVG). Der Versicherungsnehmer kann durch gesonderte schriftliche Erklärung auf die Beratung und Dokumentation verzichten, bei Fernabsatzverträgen auch in Textform (§ 6 III VVG). Erforderlich ist dabei der ausdrückliche Hinweis des Versicherers in der Erklärung, dass sich ein **Verzicht** nachteilig auf die Möglichkeit der Geltendmachung von Schadensersatzansprüchen gegen den Versicherer nach § 6 V VVG auswirken kann. Es ist nach wohl h.M. zulässig, dass der Versicherer den vom Versicherungsnehmer auf einem gesonderten Blatt zu erklärenden und zu unterschreibenden Verzicht vorformuliert.[59] Begründet wird die Möglichkeit der Vorformulierung des Verzichts damit, dass der Hinweis nach § 6 III VVG sinnvoll nur formularmäßig gegeben werden kann. Der Versicherer darf den Verzicht nicht routinemäßig dem Versicherungsnehmer nahe legen. Ziel des § 6 I VVG ist die bedarfsgerechte Beratung. Für den Versicherungsnehmer kann ein erhebliches Interesse bestehen, während der Laufzeit des Vertrages beraten zu werden. Deshalb sieht § 6 IV 1 VVG die Pflicht zur Nachfrage und Beratung vor, soweit für den Versicherer ein Anlass erkennbar ist.

51 Verletzt der Versicherer die durch § 6 VVG normierten Pflichten, so ist er nach Absatz 5 dem Versicherungsnehmer zum **Schadensersatz**

---

[59] MüKo-VVG/*Armbrüster*, § 6 Rn. 178; Hk-VVG/*Münkel*, § 6 Rn. 32; a.A. Prölss/Martin/*Rudy*, § 6 Rn. 40.

verpflichtet. Hierbei handelt es sich um eine Verschuldenshaftung. Eine Pflichtverletzung liegt u.a. in der unvollständigen, verspäteten oder falschen Beratung des Versicherungsnehmers. Der Versicherer hat sich gemäß § 278 S. 1 BGB das Verhalten von Angestellten und Versicherungsvertretern als seinen Erfüllungsgehilfen zurechnen zu lassen. Kein Erfüllungsgehilfe ist der Versicherungsmakler, da er im Lager des Versicherungsnehmers steht (vgl. auch § 6 VI VVG). Liegen die haftungsbegründenden Voraussetzungen vor, so ist der Versicherungsnehmer so zu stellen, wie er bei ordnungsgemäßer Beratung stünde. Der Versicherungsnehmer bekommt den Vertrauensschaden ersetzt, der bis zur „Quasi-Deckung" führen kann.[60] Der Versicherungsnehmer wird in diesem Fall so gestellt, als hätte er die gewünschte Deckung abgeschlossen. Ein Anspruch nach § 6 V VVG kann mangels haftungsausfüllender Kausalität ausscheiden, wenn die Absicherung des gewünschten Risikos am Markt nicht versicherbar ist.

Beispiel: Veranstalter A kann vom Versicherer X (VR X) gemäß § 6 V VVG Schadensersatz verlangen, wenn dieser im Rahmen des Beratungsgespräches erklärte, dass es Versicherungen gegen den Ausfall von Veranstaltungen am Markt nicht gibt. Kommt es zu einem Veranstaltungsausfall bei A, so muss er nun vom VR X so gestellt werden, als ob Deckung bestehen würde. Die Veranstaltungs-Ausfallversicherung ist ein klassisches Element im Rahmen des Risikomanagements von Veranstaltern.[61]

IX. Dritte beim Vertragsschluss

Der Abschluss von Versicherungsverträgen geht oft auf die Initiative der **Vertriebsbeauftragten** des Versicherers zurück. Der Vertrieb von Versicherungsprodukten spielt in Deutschland eine große Rolle und reicht von angestellten Außendienstmitarbeitern über Kundencenter bis zum Direktvertrieb via Internet. Das VVG unterscheidet in den §§ 59, 73 VVG zwischen Versicherungsvertretern, Versicherungsmaklern und Versicherungsberatern sowie angestellten Vermittlern und nicht gewerbsmäßig tätigen Vermittlern. Der Versicherungsvertreter, der Versicherungsmakler und der Versicherungsberater bedürfen einer Erlaubnis nach der Gewerbeordnung (§ 34d GewO). Weitere berufsrechtliche Regelungen finden sich in der Versicherungsvermittlungsverordnung (VersVermV). 52

[60] OLG Hamm BeckRS 2015, 112089 Rn. 9.

[61] Vgl. vertiefend hierzu *Risch/Kerst*, Eventrecht kompakt, 2. Aufl. 2011, S. 326 ff.

1. Versicherungsvertreter (§ 59 II VVG)

53 Versicherungsvertreter ist, wer von einem Versicherer oder einem Versicherungsvertreter damit betraut ist, gewerbsmäßig Versicherungsverträge zu vermitteln oder abzuschließen. Der Versicherungsvertreter ist Abschlusshelfer des Versicherers. Nach **§ 69 I VVG** gilt der Versicherungsvertreter u.a. als bevollmächtigt, Anträge gerichtet auf den Abschluss von Versicherungsverträgen und deren Widerruf sowie die vor Vertragsschluss abzugebenden Anzeigen und sonstigen Erklärungen entgegenzunehmen. Diese **erweiterte Empfangsvollmacht** ist insbesondere im Bereich der vorvertraglichen Anzeigepflicht i.S.v. § 19 VVG relevant. Ferner hat der Versicherungsvertreter Empfangsvollmacht für alle Erklärungen rund um die Verlängerung oder Änderung eines Versicherungsvertrages. Der Versicherungsvertreter gilt als bevollmächtigt, Zahlungen, die der Versicherungsnehmer im Zusammenhang mit dem Vertragsschluss leistet, entgegenzunehmen (sog. Inkassovollmacht; § 69 II VVG). Der Versicherungsnehmer trägt die Beweislast für die Abgabe oder den Inhalt eines Antrages nach § 69 I, II VVG. Die Beweislast für die Verletzung von Anzeigepflichten und Obliegenheiten durch den Versicherungsnehmer trägt hingegen der Versicherer (§ 69 III VVG). Gemäß § 72 VVG ist eine Beschränkung der dem Versicherungsvertreter zustehenden Vertretungsmacht durch Allgemeine Versicherungsbedingungen (AVB) gegenüber dem Versicherungsnehmer und Dritten unwirksam.

54 Von der Empfangsvertretungsmacht nach § 69 VVG (§ 164 III BGB) ist die **Wissenszurechnung** nach § 70 VVG (§ 166 BGB) zu unterscheiden. Gemäß § 70 S. 1 VVG steht die Kenntnis des Versicherungsvertreters der Kenntnis des Versicherers gleich, soweit der Versicherungsvertreter das Wissen über relevante Umstände beruflich erlangt hat. Anders formuliert: Der Versicherer muss sich die Kenntnis des Versicherungsvertreters über relevante Umstände zurechnen lassen (sog. Wissenszurechnung).

Fall – Auge-und-Ohr-Stellung des Versicherungsvertreters: Versicherungsvertreter V besucht den VN A um diesem eine private Krankenversicherung beim Versicherer X zu vermitteln. A füllt den Fragebogen zu den Gesundheitsfragen des VR X vorsätzlich falsch aus, obwohl er ein Hüftleiden hat, was zum Nachziehen des linken Beines beim Gehen führt. Diesen Umstand erkennt V, teilt ihn aber nicht an den VR X mit.

1. Kann VR X gemäß § 19 II VVG vom Vertrag zurücktreten?

2. Wie wäre zu entscheiden, wenn der VN A den Versicherungsvertreter V mündlich über sein Leiden informiert hat.

Zu 1: Das vorsätzlich falsche Ausfüllen des Fragebogens stellt eine vorvertragliche Anzeigepflichtverletzung dar, so dass bei ordnungsgemäßer Belehrung über die Rechtsfolgen ein Rücktritt in Betracht kommt. Nach § 19 V 2 VVG ist das Rücktrittsrecht jedoch ausgeschlossen, wenn der VR X die nicht angezeigten Gefahrenumstände bzw. die Unrichtigkeit der Anzeige kannte. Das Wissen des Versicherungsvertreters V, das dieser durch Augenschein erlangt hat, ist dem VR X gemäß § 70 VVG zuzurechnen. Es handelt sich um dienstliches Wissen, welches V bei der Antragsaufnahme erlangt hat. Der Versicherungsvertreter V ist insoweit „Auge und Ohr" des Versicherers. Ein Rücktritt scheidet somit nach § 19 V 2 VVG aus.

Zu 2: Durch mündliche Mitteilung des Hüftleidens hat A seine Anzeigepflicht erfüllt, so dass keine vorvertrágliche Anzeigepflichtverletzung vorliegt. Was dem Versicherungsvertreter V mit Bezug auf die Antragstellung gesagt oder vorgelegt wurde, ist damit auch dem VR X gesagt oder vorgelegt worden. Der Versicherungsvertreter V hat nach § 69 I Nr. 1 VVG Empfangsvertretungsmacht, die abzugebenden Anzeigen entgegenzunehmen. Wenn § 69 VVG eingreift, ist dieser gegenüber § 70 VVG vorrangig.

Wie der Versicherer gemäß § 6 VVG muss auch der Versicherungs- **55**
vertreter nach **§ 61 I VVG** den Versicherungsnehmer in der Angebotsphase befragen, beraten sowie seinen erteilten Rat begründen und dokumentieren. Über § 59 I 2 VVG gilt für die Form der zu erteilenden Auskunft **§ 6a VVG** entsprechend. Der Versicherungsnehmer kann auf die **Beratung** oder die **Dokumentation** durch gesonderte schriftliche Erklärung verzichten (§ 61 II VVG). Dabei muss der Versicherungsvertreter den Versicherungsnehmer ausdrücklich darauf hinweisen, dass sich ein Verzicht nachteilig auf die Möglichkeit der Geltendmachung von Schadensersatzansprüchen auswirkt. Aus Transparenzgründen muss der Versicherungsvertreter mitteilen, auf welcher Markt- und Informationsgrundlage er seine Leistung erbringt (§ 60 II VVG). Ferner hat er anzugeben, welche Versicherer dem erteilten Rat zugrunde liegen und für welchen Versicherer er seine Tätigkeit ausübt. Die Verletzung der Beratungs- und Hinweispflichten i.S.v. §§ 60, 61 VVG ist nach § 63 VVG sanktioniert (Schadensersatzpflicht des Versicherungsvertreters).

2. Versicherungsmakler (§ 59 III VVG)

56 In Abgrenzung zum Versicherungsvertreter steht der **Versicherungsmakler „im Lager" des Versicherungsnehmers**. Er fungiert als dessen Interessenvertreter. Diese Interessenwahrnehmung ist im Allgemeinen der entscheidende Unterschied zum üblichen Handelsmakler. Der „echte" Versicherungsmakler übernimmt basierend auf dem Maklervertrag (einem Geschäftsbesorgungsvertrag, § 675 I BGB) die Vermittlung oder den Abschluss eines Versicherungsvertrages und ist gewerbsmäßig tätig (§ 59 III 1 VVG). Ein Versicherungsvermittler, der nach außen wie ein Makler auftritt, gilt gemäß der gesetzlichen Fiktion in § 59 III 2 VVG als Makler (sog. Pseudomakler).

Der Versicherungsmakler ist verpflichtet, seinem Rat eine hinreichende Zahl von auf dem Markt angebotenen Versicherungsverträgen und Versicherern zu Grunde zu legen, so dass er nach fachlichen Kriterien eine Empfehlung dahingehend geben kann, welcher Versicherungsvertrag geeignet ist, die Bedürfnisse des Versicherungsnehmers zu erfüllen (§ 60 I 1 VVG). Diese umfassende Beratungsgrundlage gilt nicht, wenn der Versicherungsmakler den Versicherungsnehmer vor Abgabe seiner Vertragserklärung auf eine eingeschränkte Versicherer- und Vertragsauswahl hinweist (§ 60 I 2 VVG). Auch den Versicherungsmakler kann eine Schadensersatzhaftung aus § 63 VVG treffen.

3. Versicherungsberater (§ 59 IV VVG)

57 Die Versicherungsberatung stellt die Besorgung fremder Rechtsangelegenheiten (Geschäftsbesorgung) dar und ist damit keine Versicherungsvermittlung. Der gewerbsmäßige Versicherungsberater ist nach § 59 IV VVG Interessenvertreter des Versicherungsnehmers bei der Vereinbarung, Änderung und Prüfung von Versicherungsverträgen oder bei der Wahrnehmung von Ansprüchen aus Versicherungsverträgen. In diesem Rahmen ist ihm Rechtsberatung erlaubt (§ 5 I 1 RDG) Für den Versicherungsberater gelten gem. § 68 VVG die meisten Vorschriften über den Versicherungsmakler entsprechend, hinsichtlich der Form der Auskunfterteilung ist § 6a VVG anzuwenden.

C. Beginn des Versicherungsschutzes

58 Voraussetzung für einen Anspruch des Versicherungsnehmers gemäß § 1 S. 1 VVG i.V.m. den AVB gegen den Versicherer ist, dass der Versicherungsfall im Zeitpunkt der Haftung des Versicherers eintritt.

Die Haftung des Versicherers beginnt mit dem im Versicherungsschein vereinbarten Zeitpunkt. Man spricht auch von **materiellem Versicherungsschutz** bzw. Deckungsschutz. Vom materiellen Versicherungsschutz (Haftung des Versicherers für den eingetretenen Versicherungsfall) ist der **formelle Versicherungsbeginn** (Vertragsschluss gemäß §§ 145 ff. BGB) als vertragsspezifische Besonderheit des Versicherungsrechts zu unterscheiden.[62] Ist der Vertrag zwar geschlossen, besteht aber noch kein Deckungsschutz, so ist der Versicherer für einen eingetretenen Versicherungsfall nicht zum Ersatz verpflichtet.

Beispiel: VN A schließt am 01.07.2020 eine private (Zusatz-) Zahnersatzversicherung bei Krankenversicherer X ab. Am 15.07.2020 bekommt er von Zahnarzt B einen Zahnersatz implantiert. Aufgrund der Wartezeit von acht Monaten bei Zahnersatz nach § 3 III MB/KK 2009 besteht noch keine materielle Deckung, so dass VN A von VR X keine Erstattung verlangen kann.

Der formelle Versicherungsbeginn bestimmt die Vertragsdauer. Nach **§ 10 VVG** beginnt die Versicherung (formell) mit Beginn des Tages, an dem der Vertrag geschlossen wurde. Sie endet mit dem Ablauf des letzten Tages der Vertragszeit.

I. Einlösungsklausel

Wichtiger Praxisfall für das Auseinanderfallen vom formellen Ver- 59
sicherungsbeginn und materiellen Versicherungsschutz (Beginn der Haftungszeit) ist das sog. Einlösungsprinzip im Versicherungsrecht. Die Allgemeinen Versicherungsbedingungen bestimmen in der Regel, dass der materielle Versicherungsschutz erst mit der Zahlung der ersten oder einmaligen Prämie beginnt (vgl. Ziff. 8, 9 AHB 2016). Tritt der Versicherungsfall zu einem Zeitpunkt ein, in welchem die einmalige oder erste Prämie noch nicht bezahlt ist, so wird der Versicherer gemäß **§ 37 II VVG** von der Verpflichtung zur Leistung frei, sofern der Versicherungsnehmer die Nichtzahlung zu vertreten hat und der Versicherer diesen auf diese Rechtsfolgen durch gesonderte Mitteilung in Textform oder durch auffälligen Hinweis im Versicherungsschein aufmerksam gemacht hat (vertiefend dazu unten Rn. 65 ff).

II. Rückwärtsversicherung

Im Versicherungsrecht kann nach **§ 2 I VVG** auch ein Haftungsbe- 60
ginn des Versicherers **für die Zeit vor Vertragsschluss** vereinbart werden, sog. Rückwärtsversicherung. Die Regelung des Einlösungs-

[62] MüKo-VVG/*Muschner*, § 2 Rn. 4; Prölss/Martin/*Armbrüster*, § 2 Rn. 2 ff.

prinzips nach § 37 II VVG ist auf die Rückwärtsversicherung nicht anwendbar (§ 2 IV VVG). Der Versicherungsnehmer kann denklogisch nämlich nicht die einmalige oder erste Prämie vor dem Versicherungsfall gezahlt haben, wenn dieser vor dem Vertragsschluss liegt. Bei der Rückwärtsversicherung gewährt der Versicherer damit eine sog. deckende Stundung der Erstprämie. Hat der Versicherungsnehmer bei Abgabe seiner Vertragserklärung Kenntnis von einem eingetretenen Versicherungsfall, so ist der Versicherer leistungsfrei nach § 2 II 2 VVG. Beim umgekehrten Fall, wonach der Versicherer bei Abgabe seiner Vertragserklärung davon Kenntnis hat, dass der Eintritt eines Versicherungsfalles ausgeschlossen ist, steht diesem ein Anspruch auf die Prämie nicht zu (§ 2 II 1 VVG). Hintergrund der Regelungen in § 2 II VVG ist, dass das Wesensmerkmal einer Versicherung immer die Absicherung eines ungewissen Ereignisses ist. Steht für eine Vertragsseite aber der Eintritt bzw. Nichteintritt des Versicherungsfalles fest, ist der Risikoabsicherung die Grundlage entzogen.[63]

III. Vorläufige Deckung

61 Für die Zeit zwischen der Antragstellung des Versicherungsnehmers und dem Abschluss des Versicherungsvertrages wird zwischen den Parteien oftmals eine vorläufige Deckung vereinbart. Die vorläufige Deckung spielt insbesondere in der **Kfz-Haftpflichtversicherung** eine große Rolle, wo die Aushändigung der Versicherungsbestätigung vorläufigen Versicherungsschutz nach Ziff. B.2.1 AKB 2015 gewährt. Diese Versicherungsbestätigung dient auch dem Nachweis einer bestehenden Haftpflichtversicherung bei der Zulassung des Fahrzeugs (§ 23 FZV). Die vorläufige Deckung ist ein eigenständiger Vertrag, welcher vom Hauptvertrag zu trennen ist.

Abgrenzung Rückwärtsversicherung/vorläufige Deckung:
- *Rückwärtsversicherung* setzt Zustandekommen des Hauptvertrages voraus
- *Vorläufige Deckung* besteht auch dann, wenn es nicht zu einem Hauptvertrag kommt (z.B. Versicherer lehnt Antrag nach Risikoprüfung ab)

Übersicht 8: *Rückwärtsversicherung/vorläufige Deckung*

62 Der Abschluss eines vorläufigen Deckungsvertrages ist nach § 49 I VVG **in erleichterter Form** möglich. Die Vertragsparteien können

[63] MüKo-VVG/*Muschner*, § 2 Rn. 32.

durch (auch konkludenten) Verzicht vereinbaren, dass die Vertragsbestimmungen und notwendigen Informationen erst spätestens mit dem Versicherungsschein übermittelt werden.[64] Bei Nichtübermittlung der Vertragsbedingungen an den Versicherungsnehmer im Zeitpunkt des Abschlusses des vorläufigen Deckungsvertrages werden die vom Versicherer üblicherweise verwendeten Bedingungen – bei Fehlen solcher Bedingungen die für den Hauptvertrag vom Versicherer verwendeten Bedingungen – auch ohne ausdrücklichen Hinweis hierauf Vertragsbestandteil (§ 49 II 1 VVG).

Nach § 51 I VVG kann der Versicherer den Beginn des Versicherungsschutzes aus der vorläufigen Deckung von der Zahlung einer Prämie abhängig machen, sofern der Versicherer den Versicherungsnehmer durch gesonderte Mitteilung in Textform oder durch einen auffälligen Hinweis im Versicherungsschein auf diese Voraussetzung aufmerksam macht. In der Praxis wird der Versicherungsschutz aus der vorläufigen Deckung im Allgemeinen nicht von der Zahlung der Prämie abhängig gemacht.

Hingegen sehr praxisrelevant ist der Themenkreis des **rückwirkenden Wegfalles des Versicherungsschutzes**. Nach Ziff. B.2.4 der Allgemeinen Bedingungen für die Kfz-Versicherung (AKB 2015) entfällt der vorläufige Deckungsschutz rückwirkend, wenn der Versicherer den Antrag des Versicherungsnehmers zum Hauptvertrag der Kfz-Haftpflichtversicherung unverändert angenommen hat und der im Versicherungsschein genannte erste oder einmalige Beitrag nicht unverzüglich nach Ablauf von zwei Wochen nach Zugang des Versicherungsscheines bezahlt worden ist. Der Versicherungsnehmer hat in diesem Fall von Anfang an keinen Versicherungsschutz, wenn er die verspätete Zahlung zu vertreten hat. Solche Regelungen des rückwirkenden Wegfalles des Versicherungsschutzes bei Nichtzahlung der Prämie sind zulässig (str.), wie sich aus § 52 I 2 VVG ergibt. Dort zeigt die Formulierung „spätestens", dass die vorläufige Deckung auch vor dem Zeitpunkt enden kann, zu dem der Versicherungsnehmer in Verzug gerät (vgl. auch § 9 Satz 2 KfzPflVV).[65] 63

Beispiel: Am 06.07.2020 bekommt VN A vom Versicherungsvertreter V des VR X die Versicherungsbestätigung für seine Kfz-Haftpflichtversicherung ausgehändigt. Am 12.07.2020 kommt es zu einem von A verschuldeten Verkehrsunfall. Am 22.07.2020 bekommt A den Hauptvertrag (Versicherungsschein plus AKB) übersandt. Trotz ordnungsgemäßer Belehrung und Prämienanforderung zahlt A nicht, da er gerade kein Geld hat. Hierdurch entfällt rückwirkend

[64] MüKo-VVG/*Rixecker*, § 49 Rn. 28.
[65] Hk-VVG/*Karczewski*, § 52 Rn. 7.

der Versicherungsschutz (vorläufige Deckung), so dass A gegenüber seinem VR X keine Ansprüche hat.

Für diese einschneidenden Rechtsfolgen sind hohe Anforderungen durch Gesetz und Rechtsprechung aufgestellt worden. Im Einzelnen:

Voraussetzungen für den rückwirkenden Wegfall der vorläufigen Deckungszusage:

- Vereinbarung des rückwirkenden Wegfalles in den Abreden, die die vorläufige Deckung regeln (einseitige Vorbehalte reichen nicht aus)[66]
- Unveränderte Annahme des Antrages zum Hauptvertrag durch den Versicherer
- Korrekte Prämienanforderung (z.B. Kasko und Kfz-Haftpflichtversicherung sind getrennt auszuweisen, bei vierteljährlicher Zahlungsweise ist Quartalsrhythmus einzuhalten)
- Nichtzahlung der Erstprämie binnen zwei Wochen nach Ablauf der Widerrufsfrist gemäß § 8 VVG: d.h. 2 mal 14 Tage (Beweislast für den Zugang des Versicherungsscheines, der AKB und den notwendigen Informationen nach § 7 VVG liegt beim Versicherer)
- Vertretenmüssen des VN
- Vollständige und drucktechnisch hervorgehobene Belehrung über Voraussetzungen und Rechtsfolgen des rückwirkenden Entzugs auf dem Versicherungsschein des Hauptvertrages oder auf der Prämienrechnung, § 52 I 2 VVG (Hinweis im Antragsformular reicht nicht)
- Ist ein Versicherungsfall während der Zeit der vorläufigen Deckung eingetreten, so hat sich der Versicherer durch Aufrechnung bezüglich seines Erstprämienanspruches zu befriedigen und kann sich auf den rückwirkenden Wegfall der vorläufigen Deckung nicht berufen.[67]

Übersicht 9: *Wegfall der vorläufigen Deckung*

[66] MüKo-VVG/*Rixecker*, § 52 Rn. 33.

[67] BGH VersR 1985, 877; OLG Köln r+s 1997, 406.

Fall – Vorläufige Deckung:[68] VN A beantragt für seinen neuen Porsche Cayenne bei VR X eine Kfz-Haftpflicht- und Vollkaskoversicherung. Bis zum Abschluss der beiden Hauptverträge vereinbaren sie eine vorläufige Deckung für beide Sparten. Zwei Tage vor Übersendung des Versicherungsscheines und der Vertragsbestimmungen wird das Fahrzeug gestohlen. Beigelegt zum Versicherungsschein war die Prämienabrechnung, die für beide Verträge (Kasko und Haftpflicht) nur eine Gesamtprämie von 600 Euro pro Quartal ausweist. In der Belehrung zum rückwirkenden Wegfall der vorläufigen Deckungszusage heißt es: „... bei nicht rechtzeitiger Zahlung der Prämie ergeben sich die Rechtsfolgen aus § 52 I VVG". Kann A seinen Schaden von X ersetzt bekommen? VR X wendet ein, dass A mehr als 2 Monate nach Zugang des Versicherungsscheines immer noch nicht gezahlt hat, so dass der vorläufige Deckungsschutz rückwirkend entfallen sei.

A hat gegen X einen Schadenersatzanspruch gemäß § 1 VVG i.V.m. Ziff. A.2.1.1 der Allgemeinen Bedingungen für die Kfz-Versicherung (AKB 2015). Es bestand zwar mangels Vertragsschlusses noch kein Hauptvertrag, jedoch hatten A und X einen eigenständigen vorläufigen Deckungsschutzvertrag geschlossen. Nach Ziff. B.2.4 AKB 2015 könnte die vorläufige Deckung rückwirkend entfallen sein, da A die Erstprämie für den Hauptvertrag noch nicht gezahlt hat. Diese Rechtsfolge setzt jedoch eine korrekte Prämienanforderung voraus. Dies ist vorliegend nicht geschehen. Der Versicherer muss hier die Sparten Kfz-Haftpflicht und Kasko getrennt ausweisen, damit der VN erkennen kann, durch welche Zahlung er sich den Versicherungsschutz erhält. Die Zusammenfassung in einen Gesamtbetrag ist irreführend. Auch hätte der VR X sich durch Aufrechnung (Schadensersatz gegen Prämienforderung) befriedigen müssen (§ 242 BGB). Weiterhin war die Belehrung fehlerhaft, da der bloße Verweis auf eine gesetzliche Vorschrift wie § 52 VVG für einen durchschnittlichen VN bei dieser komplizierten Rechtslage keine ausreichende Rechtsfolgenbelehrung darstellt. Insgesamt liegen die Voraussetzungen für einen rückwirkenden Wegfall nach Ziff. B.2.4 AKB und § 52 I 2 VVG nicht vor.

[68] Nach BGH VersR 1985, 447.

D. Inhalt und Hauptpflichten des Versicherungsvertrages

Die Hauptleistungspflichten des Versicherers und Versicherungsnehmers ergeben sich aus **§ 1 VVG**.

I. Absicherung des wirtschaftlichen Risikos

64 Die Hauptfunktion der Versicherung ist auf die Absicherung eines Risikos gerichtet. Nach § 1 S. 1 VVG verpflichtet sich der Versicherer mit dem Versicherungsvertrag, ein bestimmtes Risiko des Versicherungsnehmers oder eines Dritten durch eine Leistung abzusichern, die er bei Eintritt des vereinbarten Versicherungsfalles zu erbringen hat. Welches Risiko abgesichert ist, ergibt sich vorrangig aus dem Versicherungsvertrag und den Allgemeinen Versicherungsbedingungen. Dabei regelt die Beschreibung der versicherten Gefahr, in welchen Fällen der Versicherer haftet, sog. **primäre Risikoabgrenzung**. In der Sachversicherung erfolgt die Produktbeschreibung durch Festlegung der versicherten Gefahr, der versicherten Sache und Schäden sowie des Versicherungsortes.[69] Die Allgemeinen Versicherungsbedingungen (AVB) enthalten neben der Beschreibung des versicherten Risikos auch Ausschlüsse für Risiken, die der Versicherer nicht übernehmen will, sog. **sekundäre Risikoabgrenzung**.

Beispiel: Nach Ziff. A.3.9.2 der Allgemeinen Bedingungen für die Kfz-Versicherung (AKB 2015) besteht für Schäden, die bei Beteiligung an Fahrveranstaltungen entstehen, bei denen es auf Erzielung einer Höchstgeschwindigkeit ankommt (Rennen) kein Versicherungsschutz.

Schließlich finden sich in den AVB sog. **tertiäre Risikoabgrenzungen**, durch die ausgeschlossene Risiken durch besondere Vereinbarung mit dem Versicherer wieder in den Vertrag einbezogen werden können (Einschlüsse). Die Unterscheidung zwischen primären, sekundären und tertiären Risikoabgrenzungen ist für die Beweislast elementar.

Beweislast Risikoabgrenzungen:

– *primäre Risikoabgrenzung:* Der Versicherungsnehmer trägt die Beweislast dafür, dass das versicherte Interesse beeinträchtigt wurde (Eintritt des Versicherungsfalls).

[69] MüKo-VVG/*Looschelders*, § 1 Rn. 13.

- *sekundäre Risikoabgrenzung:* Der Versicherer trägt die Beweislast für Risikoausschlüsse.[70]
- *tertiäre Risikoabgrenzung:* Der Versicherungsnehmer trägt wiederum die Beweislast dafür, dass ein Risikoausschluss nicht greift, da er ausnahmeweise eingeschlossenen wurde.

Übersicht 10: *Risikoabgrenzungen*

II. Prämienzahlungspflicht

1. Allgemeines

Der Versicherungsnehmer hat als **Hauptleistungspflicht** gemäß § 1 Satz 2 VVG die vereinbarte Prämie zu zahlen. Die Zahlungspflicht ist im Gegensatz zu den Obliegenheiten eine einklagbare (echte) Rechtspflicht. Sie ist gemäß § 36 VVG als **qualifizierte Schickschuld** zu qualifizieren, wenn der Versicherungsnehmer Verbraucher ist. Demnach ist bei einer Überweisung der Prämie für die rechtzeitige Zahlung auf die Einreichung des Überweisungsauftrages und nicht auf die Gutschrift beim Versicherer abzustellen (ausreichende Kontodeckung vorausgesetzt).[71] Das Risiko der Übermittlung der Prämie liegt beim Versicherungsnehmer. Der Versicherungsnehmer trägt auch die Beweislast für eine rechtzeitige Prämienzahlung. Nach § 33 VVG hat der Versicherungsnehmer die Erstprämie oder einmalige Prämie unverzüglich nach Ablauf von 14 Tagen nach Zugang des Versicherungsscheines zu zahlen. Die Fälligkeitsregelung des § 33 VVG ist vertraglich abdingbar, vgl. § 42 VVG. Umstritten ist allerdings, ob durch AVB die Prämienfälligkeit auf einen vor Ablauf der Widerrufsfrist liegenden Zeitpunkt vorverlagert werden darf.[72] **65**

2. Zahlungsverzug mit der Erstprämie

Nach **§ 37 I VVG** kann der Versicherer bei nicht rechtzeitiger Zahlung der einmaligen oder ersten Prämie zurücktreten. Der Versicherungsnehmer muss die Nichtzahlung zu vertreten haben, wobei ihn die Beweislast für fehlendes Verschulden trifft. Geldmangel steht dem Verschuldenseinwand nicht entgegen, denn „Geld hat man zu haben“. Bei Vereinbarung eines Lastschriftverfahrens gilt eine Zahlung als rechtzeitig, wenn die Prämie am Fälligkeitstag eingezogen werden **66**

---

[70] BGH NJW-RR 2004, 831.

[71] OLG Köln r+s 1997, 179; Prölss/Martin/*Reiff*, § 36 Rn. 9..

[72] Vgl. hierzu Prölss/Martin/*Reiff*, § 33 Rn. 44 ff. m.w.N.

kann und der Versicherungsnehmer nicht widerspricht.[73] Wird eine Ratenzahlung vereinbart, so gilt nur die erste Rate als erste Prämie.

3. Einlösungsprinzip

67 Neben der Frage des Schicksals des Vertrages beim Erstprämienverzug ist zu klären, ob eine Leistungspflicht des Versicherers bei Eintritt des Versicherungsfalles besteht. Nach **§ 37 II VVG** besteht **Leistungsfreiheit**, wenn die Erstprämie oder einmalige Prämie bei Eintritt des Versicherungsfalles nicht gezahlt wird. Die Leistungsfreiheit setzt jedoch Verschulden voraus. Daher besteht keine Leistungsfreiheit, wenn der Versicherungsfall zu einem Zeitpunkt eintritt, in dem die erste Prämie noch gar nicht fällig war.[74]

Ferner hat der Versicherer gemäß § 37 II 2 VVG den Versicherungsnehmer durch gesonderte Mitteilung in Textform (§ 126b BGB) oder einen auffälligen Hinweis im Versicherungsschein über die Rechtsfolge der Nichtzahlung der Prämie zu **belehren**. Für die Erfüllung dieser Hinweispflicht trifft den Versicherer die Beweislast.[75]

4. Zahlungsverzug mit einer Folgeprämie

68 Zahlt der Versicherungsnehmer die Folgeprämie nicht rechtzeitig, so kann der Versicherer dem Versicherungsnehmer nach § 38 I VVG auf dessen Kosten in Textform eine Zahlungsfrist von zwei Wochensetzen, sog. **qualifizierte Mahnung**. Die Zahlungsfrist ist nur wirksam gesetzt, wenn die Mahnung im Einzelnen die rückständigen Beträge der Prämie, Zinsen und Kosten exakt beziffert sowie die Rechtsfolgen angibt, die sich aus § 38 II, III VVG (Kündigungsrecht, Leistungsfreiheit) nach Fristablauf ergeben. Die notwendige Belehrung über die Rechtsfolgen gemäß § 38 I 2 VVG muss auch darüber informieren, dass der Versicherungsnehmer bis zum Fristablauf Versicherungsschutz genießt und dass der Verzug ein Vertretenmüssen des Versicherungsnehmers voraussetzt.[76] Weiterhin ist der Versicherungsnehmer darüber zu belehren, dass die Kündigung des Vertrages unwirksam wird, wenn der Versicherungsnehmer innerhalb eines Monats nach Kündigung oder, wenn sie mit der Fristbestimmung verbunden worden ist, innerhalb eines Monats nach Fristablauf leistet (Kündigungsfortfall durch Zahlung; § 38 III 3 VVG).

---

[73] MAH-VersR/*Steinbeck*, § 2 Rn. 240.
[74] Hk-VVG/*Karczewski*, § 37 Rn. 16 ff.
[75] MAH-VersR/*Steinbeck*, § 2 Rn. 245.
[76] MüKo-VVG/*Staudinger*, § 38 Rn. 7.

a) Leistungsfreiheit nach § 38 II VVG

Tritt der Versicherungsfall nach Fristablauf ein und ist der Versicherungsnehmer bei Eintritt des Versicherungsfalles mit der Zahlung der Prämie, Zinsen oder Kosten in Verzug, so wird der Versicherer nach § 38 II VVG leistungsfrei. Auf die Höhe der Prämienschuld kommt es nicht an, so dass grundsätzlich auch bei verhältnismäßig geringen Rückständen Leistungsfreiheit besteht.[77] Die Leistungsfreiheit setzt **Verschulden** des Versicherungsnehmers voraus (§ 286 IV BGB). Bei Lastschriftverfahren hat der Versicherungsnehmer das Erforderliche getan, wenn auf seinem Konto hinreichende Deckung besteht.[78] 69

Voraussetzungen der Leistungsfreiheit nach § 38 II VVG:
- nicht rechtzeitige Zahlung einer Folgeprämie, der Zinsen oder Kosten (ganz bzw. teilweise)
- qualifizierte Mahnung nach § 38 I VVG mit Hinweispflicht auf Säumnisfolgen und Abwendungsmöglichkeiten
- Versicherungsfall nach Fristablauf
- Versicherungsnehmer zur Zeit des Eintrittes des Versicherungsfalles in Verzug.

***Übersicht 11:** Voraussetzungen Leistungsfreiheit nach § 38 II VVG*

b) Kündigungsrecht nach § 38 III VVG

Der Versicherer kann nach Fristablauf den Vertrag **ohne Einhaltung einer Frist** kündigen, sofern der Versicherungsnehmer mit der Zahlung der geschuldeten Beträge im Verzug ist. Dazu muss er – wie zuvor dargestellt – dem Versicherungsnehmer eine mindestens zweiwöchige Zahlungsfrist setzen. 70

Fall – Zahlungsverzug: VN A zahlt seine Folgeprämie für die Hausratversicherung nicht wie im Vertrag festgelegt zum 01.07.2020. VR X mahnt A qualifiziert unter Setzung einer zweiwöchigen Zahlungsfrist und ordnungsgemäßer Belehrung über die möglichen Rechtsfolgen. Am 20.07.2020 kündigt VR X fristlos. Am 22.07.2020 kommt es zum Wasserrohrbruch in der Wohnung des A. A zahlt daraufhin am 23.07.2020 die ausstehende Folgeprämie. Wie ist die Rechtslage?

---

[77] OLG Düsseldorf r+s 2006, 518.
[78] BGH VersR 1985, 447.

Der VR X ist bezüglich des Schadensersatzes am Hausrat aufgrund des Rohrbruches gemäß § 38 II VVG leistungsfrei. A hat die Folgeprämie nicht rechtzeitig gezahlt. VR X hat A qualifiziert nach § 38 I VVG gemahnt unter Hinweis auf die Rechtsfolgen. Der Versicherungsfall ist nach Fristablauf eingetreten. A befand sich zur Zeit des Eintrittes des Versicherungsfalles in Verzug. Das Verschulden bezüglich der Nichtzahlung wird vermutet (§ 286 IV BGB).

Die ausgesprochene Kündigung des Hausratversicherungsvertrages ist jedoch rückwirkend unwirksam, da A innerhalb eines Monats nach Ablauf der Zahlungsfrist seine Folgeprämie gezahlt hat (§ 38 III 3 VVG). Kommt es nach Zahlung zum Versicherungsfall, so besteht hierfür dann Versicherungsschutz.

5. Anpassung der Prämie

71 Erhöht der Versicherer aufgrund einer Anpassungsklausel die Prämie ohne Änderung des Versicherungsumfangs, kann der Versicherungsnehmer den Vertrag innerhalb eines Monats nach Zugang der Mitteilung des Versicherers mit sofortiger Wirkung kündigen, **§ 40 I 1 VVG**. Frühestens ist dies jedoch zum Zeitpunkt des Wirksamwerdens der Erhöhung möglich. Beim dauerhaften Wegfall gefahrerhöhender Umstände kann eine Herabsetzung der Prämie verlangt werden (§ 41 VVG).

Beispiel:[79] In einem gegen Feuer versicherten Gebäude wurde bislang eine Diskothek betrieben. Nunmehr dient das Gebäude als Lagerhalle für ungefährliche Güter.

Es handelt sich hierbei um einen (vorrangigen) Sonderfall der Störung der Geschäftsgrundlage (§ 313 BGB). Bei Lebensversicherungen ist § 158 III VVG zu berücksichtigen.

6. Vorzeitige Vertragsbeendigung

72 Im Falle der Beendigung des Versicherungsvertrages vor Ablauf der Versicherungsperiode steht dem Versicherer für diese Versicherungsperiode nur derjenige Teil der Prämie zu, der dem Zeitraum entspricht, in dem Versicherungsschutz bestanden hat (§ 39 I 1 VVG). Die Prämie ist somit „pro rata temporis“ zu entrichten, d.h. **proportional zur tatsächlichen Gefahrtragungszeit**.[80] Wird das Vertragsverhältnis durch Rücktritt wegen vorvertraglicher Anzeigpflichtverletzung (§ 19 II VVG) oder wegen Anfechtung wegen arglistiger Täuschung beendet, so steht

[79] Angelehnt an Prölss/Martin/*Reiff*, § 41 Rn. 5.
[80] Prölss/Martin/*Reiff*, § 39 Rn. 6.

dem Versicherer nach § 39 I 2 VVG die Prämie bis zum Wirksamwerden der Rücktritts- oder Anfechtungserklärung zu.

III. Dritte im Versicherungsvertrag

1. Versicherung für fremde Rechnung

Eine Versicherung für fremde Rechnung liegt vor, wenn der Versicherungsnehmer fremde Interessen versichert. 73

Beispiel: Der Leasingnehmer A schließt für das geleaste Fahrzeug beim VR X eine Vollkaskoversicherung ab. Die Kaskoversicherung ist in dieser Konstellation eine Versicherung für fremde Rechnung, da der Leasinggeber Eigentümer des Fahrzeuges bleibt und ein Sachinteresse hat. Der Leasingnehmer ist VN, versicherte Person (Versicherter) ist der Leasinggeber.[81]

Die Rechtsregeln über den Abschluss eines Versicherungsvertrages für einen Dritten sind in **§§ 43 ff. VVG** niedergelegt. Bei der Versicherung für fremde Rechnung fallen der materielle Anspruch und die Verfügungsgewalt über den Anspruch auseinander. Gemäß § 44 I VVG stehen bei der Versicherung für fremde Rechnung die Rechte aus dem Versicherungsvertrag dem Versicherten zu. Hingegen kann nach § 45 I VVG grundsätzlich nur der Versicherungsnehmer über den Anspruch verfügen und ihn gerichtlich geltend machen (gesetzliche Prozessstandschaft[82]) Der Versicherungsschein wird grundsätzlich dem Versicherungsnehmer ausgehändigt (§ 44 I 2 VVG). In diesem Fall kann der Versicherungsnehmer auch ohne Zustimmung des Versicherer auf Leistung an sich selbst klagen (§ 45 II VVG).[83] Stimmt der Versicherungsnehmer der Aushändigung des Versicherungsscheins an den Versicherten zu, so kann auch dieser Klage erheben (§ 44 II VVG). Die Kenntnis und das Verhalten des Versicherten werden – soweit von rechtlicher Bedeutung – dem Versicherungsnehmer zugerechnet (§ 47 I VVG). Die vertraglichen und gesetzlichen Obliegenheiten sowie die Risikoausschlüsse wie § 81 VVG treffen somit neben dem Versicherungsnehmer auch den Versicherten.[84]

2. Bezugsberechtigter

Von der Versicherung im eigenen Namen im Interesse eines Dritten 74
(der Versicherung für fremde Rechnung) ist die Bezugsberechtigung

---

[81] Vgl. vertiefend hierzu Hk-VVG/*Muschner*, § 43 Rn. 7.
[82] BGH NJW 2017, 2466 Rn. 13 m.w.N.
[83] Prölss/Martin/*Klimke*, § 45 Rn. 27.
[84] Hk-VVG/*Muschner*, § 47 Rn. 5

zu unterscheiden. Einem Dritten kann ein Bezugsrecht auf die vom Versicherer geschuldete Leistung zu stehen, ohne dass der Dritte versicherte Person ist. Dies wird im Kapitel Lebensversicherung vertieft.[85]

IV. Die Gefahrerhöhung

75 Nach **§ 23 I VVG** darf der Versicherungsnehmer *nach Abgabe* seiner Vertragserklärung ohne Einwilligung des Versicherers keine Gefahrerhöhung vornehmen oder deren Vornahme durch einen Dritten gestatten. Das VVG statuiert damit ein **Gefahrerhöhungsverbot**. Insgesamt enthält § 23 VVG einen Pflichtenkatalog im Zusammenhang mit Fragen der Gefahrerhöhung. Die Regeln zur Gefahrerhöhung sind eine spezielle versicherungsrechtliche Ausprägung der Normen über die Störung der Geschäftsgrundlage.[86] Der Versicherungsnehmer und der Versicherer gehen bei Vertragsschluss von einer bestimmten Risikolage aus. Der Versicherer nimmt auf Basis der in Textform erfragten Umstände (§ 19 VVG) und seiner allgemeinen versicherungsmathematischen Berechnungen eine Risikoprüfung vor, aufgrund derer er den Versicherungsumfang und die zu zahlende Prämie ermittelt. Eine Änderung der zugrunde gelegten Gefahrumstände kann zu einer Störung des Äquivalenzverhältnisses führen, was durch die Regeln zur Gefahrerhöhung ausgeglichen werden soll. Deshalb hat der Versicherungsnehmer – wie eingangs erwähnt – nach Abgabe seiner Vertragserklärung ohne Einwilligung des Versicherers keine Gefahrerhöhung vorzunehmen bzw. durch einen Dritten vornehmen zu lassen. Erkennt er nachträglich, dass er ohne Einwilligung des Versicherers eine Gefahrerhöhung vorgenommen oder gestattet hat, so muss er dies nach § 23 II VVG unverzüglich anzeigen (**Anzeigeobliegenheit**). Tritt nach Abgabe der Vertragserklärung des Versicherungsnehmers eine Gefahrerhöhung unabhängig von seinem Willen ein, hat er auch diese Gefahrerhöhung unverzüglich anzuzeigen (§ 23 III VVG).

76 Der Versicherer kann nach § 24 I VVG unter Beachtung bestimmter Voraussetzungen den Vertrag **kündigen**, wenn es zu einer veränderten Risikosituation kommt. Anstelle der Kündigung kann er nach § 25 I VVG eine **Vertragsanpassung** an die veränderte Risikolage verlangen (Prämienerhöhung). Für Versicherungsfälle nach Eintritt der Gefahrerhöhung kann er leistungsfrei werden (§ 26 VVG).

---

[85] Vgl. hierzu Rn. 201 ff.

[86] MünchKomm-VVG/ *Reusch*, § 23 Rn. 1 m.w.N.

1. Begriffsdefinition

Ausgehend von der Gesetzessystematik unterscheidet man zwischen **drei Konstellationen**: der subjektiv verschuldeten bzw. vorgenommenen Gefahrerhöhung (§ 23 I VVG), der subjektiv unverschuldeten bzw. nachträglich erkannten Gefahrerhöhung (§ 23 II VVG) und der objektiv unverschuldeten bzw. nicht herbeigeführten Erhöhung (§ 23 III VVG).[87] 77

Eine subjektive Gefahrerhöhung nach § 23 I, II VVG kann nur durch aktives Tun, nicht hingegen durch Unterlassen verwirklicht werden.[88] Eine Gefahrerhöhung wird als eine erhebliche, auf gewisse Dauer angelegte Änderung der gefahrerheblichen Umstände zu Lasten des Versicherers definiert, die gegenüber der Gefahrensituation bei Vertragsschluss entweder die Wahrscheinlichkeit des Eintrittes des Versicherungsfalles erhöht bzw. eine Vergrößerung des Schadens oder eine ungerechtfertigte Inanspruchnahme des Versicherers wahrscheinlich macht.[89] Einmalige, kurzfristige, vorübergehende Gefahränderungen stellen damit im Allgemeinen keine Gefahrerhöhung dar. Die Gefahrenlage muss sich vielmehr auf erhöhtem Niveau stabilisiert haben **(Dauererfordernis)**.[90]

Beispiele: Keine Gefahrerhöhung ist mangels Dauermoments die einmalige Trunkenheitsfahrt oder die Fahrt mit profillosem Reservereifen auf nicht trockener Straße zur nächsten Werkstatt.

Hingegen sind mehrfache Fahrten eines infolge Epilepsie fahruntüchtigen Fahrers, der immer wieder unvorhergesehen Anfälle erleidet, als Gefahrerhöhung zu qualifizieren. Auch Umstände in der Person des VN können eine Gefahrerhöhung begründen.

Von einer Gefahrerhöhung kann nur dann gesprochen werden, wenn nachträglich eine Gefahrenlage eingetreten ist, bei der der Versicherer den in Rede stehenden Versicherungsvertrag überhaupt nicht oder jedenfalls nicht zu der vereinbarten Prämie geschlossen hätte.[91] Sofern Umstände gefahrmindernd entgegenstehen, ist gegeneinander abzuwägen **(Gefahrkompensation)**.[92] Die Ermittlung der aktuellen Risikolage erfordert somit immer eine Gesamtschau.

---

[87] MAH-VersR/*Steinbeck*, § 2 Rn. 202.

[88] Hk-VVG/*Karczewski*, § 23 Rn. 25 m.w.N.

[89] Prölss/Martin/*Armbrüster*, § 23 Rn. 7; MAH-VersR/*Steinbeck*, § 2 Rn. 203.

[90] BGH VersR 1999, 484.

[91] BGH VersR 2005, 218.

[92] Prölss/Martin/*Armbrüster*, § 23 Rn. 27.

2. Rechtsfolgen

a) Kündigungsrecht

78 Verstößt der Versicherungsnehmer gegen das Gefahrerhöhungsverbot, so kann der Versicherer nach § 24 I 1 VVG bei Vorsatz oder grob fahrlässigem Verhalten den Versicherungsvertrag fristlos kündigen (außerordentliche Kündigung). Beruht die Verletzung auf einfacher Fahrlässigkeit, so kann der Versicherer nach Satz 2 von § 24 I VVG unter Einhaltung einer Frist von einem Monat kündigen. Bei Verletzung einer Anzeigepflicht nach § 23 II, III VVG kann der Versicherer ebenfalls mit einer Frist von einem Monat außerordentlich kündigen (§ 24 II VVG). In allen Fällen erlischt das Kündigungsrecht, wenn es nicht innerhalb eines Monats ab Kenntnis des Versicherers von der Erhöhung der Gefahr ausgeübt wird oder der Zustand wiederhergestellt ist, der vor der Gefahrerhöhung bestanden hat (§ 24 III VVG).

b) Leistungsfreiheit nach § 26 VVG

79 Die Kündigung bei Verletzung einer Pflicht nach § 23 VVG führt nur zur Vertragsbeendigung *ex-nunc*. Es stellt sich somit die Frage, wie ein bereits vor einer Vertragsbeendigung durch Kündigung eingetretener Versicherungsfall zu behandeln ist.

Lernhinweis: Im Versicherungsrecht ist bei der Verletzung von vertraglichen oder gesetzlichen Verhaltensnormen durch den Versicherungsnehmer (egal ob Prämienverzug, vorvertraglicher Anzeigepflichtverletzung, Gefahrerhöhung, vertraglicher Obliegenheitsverletzung usw.) immer zwischen dem Schicksal des Versicherungsvertrages an sich und einer möglichen Leistungsfreiheit des Versicherers für bereits eingetretene Versicherungsfälle zu unterscheiden.

Die Frage der Leistungsfreiheit ist im Falle einer Gefahrerhöhung § 26 VVG zu entnehmen. Tritt der Versicherungsfall nach einer Gefahrerhöhung ein, ist der Versicherer nicht zur Leistung verpflichtet, wenn der Versicherungsnehmer seine Verpflichtung nach § 23 I VVG (Gefahrerhöhungsverbot – **subjektiv gewollte Gefahrerhöhung**) vorsätzlich verletzt hat. Diese setzt das Bewusstsein des Versicherungsnehmers von der gefahrerhöhenden Eigenschaft der von ihm vorgenommenen Handlung voraus.[93] Im Falle einer grob fahrlässigen Verletzung ist der Versicherer berechtigt, seine Leistung in einem der Schwere des Verschuldens des Versicherungsnehmers entsprechenden Verhältnis zu

---

[93] BGH NJW 2015, 631.

kürzen (§ 26 I VVG). Die Beweislast für das Nichtvorliegen einer groben Fahrlässigkeit trägt der Versicherungsnehmer. Folglich wird die grobe Fahrlässigkeit vermutet. Grobe Fahrlässigkeit bedeutet hier, dass der Versicherungsnehmer aus der Bewertung ihm bekannter Risikoumstände unter Berücksichtigung eines **durchschnittlich sorgfältigen Verhaltens** ohne weiteres den gefahrerhöhenden Charakter hätte erkennen können.[94]

Beispiel: Im Rahmen der Kfz-Kaskoversicherung stellt es eine grob fahrlässige Gefahrerhöhung dar, wenn der Versicherungsnehmer in das versicherte Fahrzeug einen anderen Motor mit einer um 2/3 gesteigerten Leistung einbauen lässt und dadurch auch die Höchstgeschwindigkeit des Fahrzeugs erheblich steigert.[95]

Die Rechtsfolgen einer **nachträglich erkannten subjektiven oder objektiven Gefahrerhöhung** und des Fehlens der unverzüglichen Anzeige nach § 23 II, III VVG werden in § 26 II VVG behandelt. Es geht also um die Verletzung der Anzeigepflicht durch unterlassene oder verspätete Anzeige. Bei Vorsatz bezüglich der Anzeigepflichtverletzung ist der Versicherer leistungsfrei, wenn der Versicherungsfall später als einen Monat nach dem Zeitpunkt eintritt, in dem die Anzeige dem Versicherer hätte zugegangen sein müssen. Im Falle grob fahrlässiger Anzeigepflichtverletzung bezüglich der Gefahrerhöhung steht dem Versicherer „nur“ das Recht auf Leistungskürzung nach der Schwere des Verschuldens zu. Es gilt das Mehr-oder-Weniger-Prinzip. **80**

Lernhinweis: Nach Abkehr vom „Alles-oder-Nichts-Prinzip“ durch die VVG-Reform 2008 (früher bestand bei grober Fahrlässigkeit völlige Leistungsfreiheit) stellt sich allgemein im Versicherungsrecht die Frage, was unter einer Leistungskürzung nach der „Schwere des Verschuldens“ zu verstehen ist. Die quotale Entschädigung spielt u.a. bei den §§ 26, 28, 81, 82 und 86 VVG eine Rolle. Wie das Quotenmodell anzuwenden ist, wird daher beispielhaft bei § 81 VVG erörtert.[96]

Der Versicherer bleibt jedoch in allen Fällen des § 26 I, II VVG zur Leistung verpflichtet, soweit die Gefahrerhöhung nicht ursächlich für den Eintritt des Versicherungsfalles oder den Umstand der Leistungspflicht war *oder* die Kündigungsfrist zur Zeit des Eintrittes des Versicherungsfalles abgelaufen war bzw. eine Kündigung nicht erfolgt ist, vgl. § 26 III VVG. Diese Regelung schränkt die Berufung auf die **81**

---

[94] Münch-Komm-VVG/*Reusch*, § 26 Rn. 8.
[95] OLG Saarbrücken BeckRS 2020, 6790.
[96] Vgl. vertiefend hierzu *Kerst*, VW 2010, 501.

Leistungsfreiheit durch den Versicherer wieder ein. Der Versicherungsnehmer kann somit immer einen **Kausalitätsgegenbeweis** führen. Er muss nachweisen, dass sich die Gefahrerhöhung in keiner Weise ausgewirkt hat, so dass es schon bei Mitursächlichkeit bei der Leistungsfreiheit des Versicherers bleibt.[97]

Beispiel: Beim Fahren mit Reifen unterhalb der vorgeschriebenen Profiltiefe (§ 36 III 4 StVZO) kann der Kausalitätsgegenbeweis durch den Versicherungsnehmer in Betracht kommen, wenn feststeht, dass die Haftung der profillosen Reifen bei trockener Fahrbahn nicht schlechter ist als bei ordnungsgemäßem Profil.[98] Gelingt dem VN der Beweis, so kann der Versicherer sich nicht auf Leistungsfreiheit berufen.

Fall – Gefahrerhöhung:[99] Der VN A unterhält beim Versicherer B eine Hausratversicherung. A bewohnt eine 3-Zimmerwohnung. Aufgrund seiner immensen Zahlungsrückstände beim Stromlieferer X ist bei ihm seit Monaten der Strom abgestellt. A beleuchtet daher nachts seine gesamte Wohnung mit Kerzen, wobei er aufgrund seines Alkoholkonsums regelmäßig einschläft und vergisst, die Kerzen zu löschen. Eines Nachts kommt es zu einem Brand, bei dem seine gesamte Einrichtung zerstört wird. Welchen Einwand könnte Versicherer B erheben?

Versicherer B könnte sich auf Leistungsfreiheit bzw. das Recht auf Leistungskürzung nach § 26 VVG berufen. Der dauerhafte Gebrauch von offenen Kerzen als Lichtquelle stellt eine subjektive Gefahrerhöhung dar, wenn der VN wie hier weiß, dass er aufgrund seiner häufigen Trunkenheit nicht in der Lage ist, die gebotene Sorgfalt im Umgang mit offenem Feuer walten zu lassen. Eine Gefahrerhöhung läge nicht vor, wenn es sich um den einmaligen Gebrauch von Kerzen handeln würde Dann könnte sich der Versicherer ggf. auf § 81 VVG berufen. Die genaue Kürzungshöhe ist Tatfrage.

V. Versicherungsfall

1. Leistungspflicht

82 Die Leistungspflicht des Versicherers nach § 1 S. 1 VVG setzt den Eintritt des Versicherungsfalles voraus, d.h. den Eintritt eines im Einzelfall subjektiv oder objektiv ungewissen Ereignisses während des

[97] Hk-VVG/*Karczewski*, § 26 Rn. 21.
[98] MüKo-VVG/*Reusch*, § 26 Rn. 31 m.w.N.
[99] Nach OLG Düsseldorf r+s 1985, 19.

Haftungszeitraumes, an das die Vertragsparteien die Leistung geknüpft haben.[100] Versicherungsfall ist somit das Ereignis, in dem sich die **versicherte Gefahr verwirklicht**.[101]

Rechtsnatur der Leistungspflicht des VR:[102]

- *Geldleistungstheorie:* VR schuldet aufschiebend bedingte Geldleistung sowie organisatorische Absicherung der Leistungsfähigkeit (z.B. Bildung von Rücklagen, Abschluss von Rückversicherungsverträgen als Vorbreitungsmaßnahme)
- a.A. *Gefahrtragungstheorie:* Hauptleistung des VR besteht in Gefahrtragung

Übersicht 12: *Leistungspflicht des VR*

Die konkrete Definition des Versicherungsfalls ergibt sich aus den Bedingungswerken und unterliegt der AGB-rechtlichen Inhaltskontrolle.[103]

2. Fälligkeit, Verjährung des Ersatzanspruches und Klagefrist

Die geschuldete Geldleistung des Versicherers wird nach **§ 14 VVG** 83
mit der Beendigung der Feststellung des Versicherungsfalles und des Umfangs der für die Leistung des Versicherers notwendigen Erhebungen fällig. Sind die Erhebungen nicht bis zum Ablauf eines Monats seit der Anzeige des Versicherungsfalles beendet, kann der Versicherungsnehmer **Abschlagszahlungen** in Höhe des Betrags verlangen, den der Versicherer voraussichtlich zu zahlen hat, § 14 II 1 VVG.

Beginn, Dauer und Unterbrechung der Verjährung des Ersatzanspruchs richten sich nach den §§ 195 ff. BGB. Für die **Hemmung der Verjährung** gilt zusätzlich § 15 VVG. Danach wird die Verjährung nach Anmeldung des Anspruchs bis zu dem Zeitpunkt gehemmt, in dem die Entscheidung des Versicherers dem Anspruchsteller in Textform zugeht. Im Übrigen sind die §§ 203 ff. BGB anzuwenden.[104]

Eine gesetzliche Klagefrist ist (im Gegensatz zum bis 2008 geltenden Recht) nicht vorgesehen. Die Vereinbarung einer solchen materiel-

[100] Hk-VVG/*Brömmelmeyer*, § 1 Rn. 62.

[101] BGHZ 16, 37, 42.

[102] Vgl. vertiefend zur wissenschaftlichen und historischen Diskussion der Leistungspflicht des Versicherers Prölss/Martin/*Armbrüster*, § 1 Rn. 120 ff.; Hk-VVG/*Brömmelmeyer*, § 1 Rn. 34 ff.

[103] Vgl. zu den Definitionen in der Haftpflichtversicherung Rn. 151.

[104] MüKo-VVG/*Fausten*, § 15 Rn. 55 m.w.N.

len Ausschlussfrist in den Allgemeinen Versicherungsbedingungen wäre gemäß § 307 II Nr. 1 BGB unwirksam.[105]

E. Obliegenheiten

84 Der Versicherungsnehmer hat vor und nach Vertragsschluss Obliegenheiten zu erfüllen. Obliegenheiten sind **Verhaltensnormen**, die den Vertragszweck sichern sollen und bei Nichtbeachtung unter bestimmten Voraussetzungen zur Leistungsfreiheit des Versicherers führen. Durch Obliegenheiten soll der Versicherungsnehmer zu einem bestimmten Verhalten bewegt werden. Allgemein ist im Versicherungsrecht zwischen vertraglichen und gesetzlichen Obliegenheiten zu unterscheiden. Die Rechtsfolgen **vertraglicher Obliegenheitsverletzungen** ergeben sich aus § 28 VVG.

Als gesetzliche Obliegenheiten seien beispielhaft genannt: die vorvertragliche Anzeigepflicht (§§ 16 ff. VVG), die Gefahrerhöhung (§§ 23 ff.) sowie die Rettungspflicht nach § 62 VVG. Für **gesetzliche Obliegenheiten** gilt § 28 VVG auch dann *nicht*, wenn diese unverändert in die Allgemeinen Vertragsbedingungen übernommen worden sind (Ausnahme: Anzeige- und Auskunftsobliegenheit gemäß §§ 30, 31 VVG).[106] Die Rechtsfolgen für diese ergeben sich vielmehr aus den einzelnen gesetzlichen Obliegenheitsvorschriften.

Die Berufung des Versicherers auf Leistungsfreiheit oder Leistungskürzung wegen einer Obliegenheitsverletzung ist nicht von Amts wegen zu beachten, sondern muss ausdrücklich sogleich oder spätestens in der 1. Instanz eines Prozesses erfolgen. Es steht also zur Disposition des Versicherers, ob er sich auf die Obliegenheitsverletzung beruft.[107] Teilweise ist die Rechtsprechung der Meinung, dass eine Geltendmachung auch noch in der 2. Instanz nachgeholt werden kann.[108]

- *Definition:* Obliegenheiten enthalten eine bestimmte Verhaltenserwartung des VN (wie z.B. gefahrerhebliche Umstände vorvertraglich anzuzeigen).
- *Unterscheidung zwischen vertraglichen und gesetzlichen Obliegenheiten:* relevant für die einschlägigen Rechtsfolgen; § 28 VVG gilt nur für vertragliche Obliegenheiten.

[105] OLG Köln r+s 2011, 150.
[106] MüKo-VVG/*Wandt*, § 28 Rn. 27; Hk-VVG/*Felsch*, § 28 Rn. 9.
[107] BGH NJW-RR 1990, 405.
[108] BGH VersR 2006, 57.

- *Abgrenzung zur Rechtspflicht (§ 241 II BGB):* nicht erzwingbar; Obliegenheitsverletzungen führen nicht zu Schadensersatzansprüchen.
- *Abgrenzung zu Risikoausschlüssen (z.B. § 103 VVG):* bestimmte Risiken sind von vornherein vom Versicherungsschutz ausgeschlossen, ohne dass es auf ein Verhalten des VN ankommt.
- *„Verhüllte Obliegenheiten“:* Verhaltensanforderungen an VN können nicht durch objektivierende „Umformulierung“ zu Risikoausschlüssen gemacht werden.

Übersicht 13: *Grundsätze Obliegenheiten*

I. Vorvertragliche Anzeigepflichten

Die vorvertragliche Anzeigepflicht ist für den Versicherer für den Abschluss und die Durchführung des Versicherungsvertrages von grundsätzlicher Bedeutung. Um das zu versichernde Risiko zutreffend beurteilen und eine Prämie kalkulieren zu können, ist eine richtige Einschätzung der gefahrerheblichen Umstände für den Versicherer vor Vertragsschluss essentiell. Das **Informationsdefizit** des Versicherers soll durch eine vorvertragliche Anzeigepflicht zu den dem Versicherungsnehmer bekannten Gefahrumständen ausgeglichen werden (§ 19 I VVG). Ferner dient die vorvertragliche Anzeigepflicht der Erhaltung der wirtschaftlichen Leistungsfähigkeit der Versicherungsunternehmen im Interesse der Versichertengemeinschaft. Der Anzeigepflicht des Versicherungsnehmers steht eine Prüfungspflicht des Versicherers gegenüber. **85**

1. Inhalt der Anzeigepflicht

Der Versicherungsnehmer hat nach **§ 19 I VVG** *bis zur Abgabe seiner Vertragserklärung* die ihm bekannten Gefahrumstände anzuzeigen, nach denen der Versicherer in Textform (§ 126b BGB) gefragt hat. Eine spontane vorvertragliche Anzeigepflicht besteht also nicht. Kommt der Vertrag im Invitatiomodell zustande, so ist die Anzeigepflicht bis zur Abgabe der Annahmeerklärung des Versicherungsnehmers zu erfüllen. Anzeigepflichtig sind nur Umstände, die **gefahrerheblich** sind **und** nach denen der Versicherungsnehmer **gefragt** wurde. Streitig ist, ob wegen der Notwendigkeit, Fragen zu stellen, **„Generalfragen“** wie z.B. nach Krankheiten in den letzten fünf Jahren zulässig **86** sind.[109] Da das Beurteilungsrisiko über die Gefahrumstände Sache des Versicherers ist, er dies aber praktikabel prüfen können muss, erscheint im Massengeschäft eine gewisse Abstraktionshöhe unvermeidlich. Allzu globale Fragen gehen jedoch im Streitfall zu Lasten des Versicherers, wenn nicht eindeutig geklärt werden kann, ob ein gefahrerheblicher Umstand von der Frage umfasst war.[110]

Beispiel: Die Gesundheitsfragen des Versicherers einer privaten Pflegezusatzversicherung sehen bei einer Frage nach chronischen Erkrankungen nur die Antwortmöglichkeiten „ja" oder „nein" vor. Anschließende Zusatzfragen und Raum für Erläuterungen sind nicht vorhanden. Es genügt dann, wenn der Versicherungsnehmer das Kästchen „ja" ankreuzt, ohne die Erkrankungen zu konkretisieren.[111]

87 Gefahrerheblich sind Umstände, die den Entschluss des Versicherers beeinflussen können, den Versicherungsvertrag überhaupt oder so wie beantragt abzuschließen.[112] Das sind alle **objektiven und subjektiven Umstände**, die den Eintritt des versicherten Risikos wahrscheinlicher machen und den Umfang der geschuldeten Leistung erhöhen könnten. Die Fragen nach den gefahrerheblichen Umständen stellen keine AGB dar. Der Inhalt einer Frage ist durch Auslegung zu ermitteln (Grundsatz der engen Fragenauslegung). Eine Anzeigepflichtverletzung scheidet aus, solange eine Antwort mit dem Wortlaut und dem Kontext der Frage zu vereinbaren ist. Die Frage gilt als so gestellt, wie der Versicherungsvertreter diese vermittelt oder erläutert.[113] Der Versicherer muss eine entsprechende Behauptung des Versicherungsnehmers widerlegen.[114] Unzulässige Fragen – etwa nach sexuellen Praktiken – sind nicht gefahrerheblich und brauchen wie im Arbeitsrecht nicht beantwortet zu werden. Sie dürfen auch falsch beantwortet werden. Die Anzeige nach § 19 I VVG kann auch mündlich gegenüber jedem Empfangsberechtigten erfolgen.

2. Verletzung der Anzeigepflicht

88 Die vorvertragliche Anzeigepflicht wird durch den Versicherungsnehmer verletzt, wenn dieser gefahrerhebliche Umstände nach denen in Textform gefragt wurde, entweder verschweigt, unvollständig oder

---

[109] Vgl. hierzu vertiefend MüKo-VVG/*Langheid*, § 19 Rn. 55; Prölss/Martin/*Armbrüster*, § 19 Rn. 36 ff.

[110] Hk-VVG/*Schimikowski*, § 19 Rn. 19.

[111] OLG Karlsruhe NJW-RR 2020, 538.

[112] MüKo-VVG/*Langheid*, § 19 Rn. 62 f.

[113] Prölss/Martin/*Armbrüster*, § 19 Rn. 52.

[114] BGH VersR 2001, 1541.

falsch beantwortet. Die **Nichtbeantwortung** stellt keine Verneinung bzw. Falschbeantwortung dar. Vielmehr trifft den Versicherer eine Nachfragepflicht (str.).[115] Allgemein gilt, dass der Versicherer verpflichtet ist, bei widersprüchlichen Angaben des Kunden nachzufragen, sonst verliert er sein Rücktrittsrecht.[116] Eine zurechenbare Falschbeantwortung durch den Versicherungsnehmer liegt vor, wenn er das Fragenformular blanko unterschreibt und das weitere Ausfüllen dem Versicherungsvertreter überlässt.[117]

3. Rechtsfolgen der Anzeigepflichtverletzung

Verletzt der Versicherungsnehmer seine Anzeigepflicht, so kann der Versicherer nach **§ 19 II VVG** vom Vertrag **zurücktreten**. Den objektiven Tatbestand der Verletzung der vorvertraglichen Anzeigepflicht hat der Versicherer darzulegen und zu beweisen. Das Rücktrittsrecht ist gemäß § 19 III 1 VVG ausgeschlossen, wenn der Versicherungsnehmer die Anzeigepflichtverletzung weder vorsätzlich noch grob fahrlässig begangen hat. **89**

Bei „nur" fahrlässiger oder schuldloser Anzeigepflichtverletzung hat der Versicherer lediglich ein **Kündigungsrecht** unter Einhaltung einer Frist von einem Monat (§ 19 III 2 VVG); für einen bereits eingetretenen Versicherungsfall genießt der Versicherungsnehmer Deckungsschutz.

Das **Rücktrittsrecht** des Versicherers wegen grob fahrlässiger Verletzung der Anzeigepflicht und sein Kündigungsrecht nach § 19 III 2 VVG sind jedoch ausgeschlossen, wenn der Versicherer – was der Versicherungsnehmer zu beweisen hat – den Vertrag bei Kenntnis der nicht angegebenen Umstände zu anderen Bedingungen versichert hätte. In dieser Fallkonstellation hat der Versicherer nur das Recht auf **Vertragsanpassung**, § 19 IV VVG. Im Schrifttum wird diskutiert, ob § 19 IV 2 VVG teleologisch reduziert werden muss, wenn der Versicherungsnehmer fahrlässig die Anzeigepflicht verletzt hat und der Versicherer den rückwirkenden Einbezug eines Leistungsausschlusses durch die Vertragsanpassung geltend macht.[118] Der fahrlässig handelnde Versicherungsnehmer wäre dann schlechter gestellt, als wenn der Versicherer bei Kenntnis des gefahrerhöhenden Umstandes den Vertrag gar nicht geschlossen hätte. In diesem Falle (der fahrlässigen Anzeigepflichtverletzung) wäre nur eine Kündigung möglich gewesen, die nicht zum **90**

---

[115] Vgl. vertiefend hierzu MüKo-VVG/*Langheid*, § 19 Rn. 111 f.
[116] Hk-VVG/*Schimikowski*, § 19 Rn. 29.
[117] OLG Zweibrücken VersR 2005, 1373.
[118] Vgl. hierzu MüKo-VVG/*Langheid*, § 19 Rn. 145.

Entzug des Versicherungsschutzes für einen eingetretenen Versicherungsfall geführt hätte. Denn eine Kündigung wirkt nur ex-nunc.

Rücktritts-, Kündigungs- und Vertragsanpassungsrecht des Versicherers sind ausgeschlossen, wenn dieser nicht durch gesonderte Mitteilung in Textform auf die Folgen einer Anzeigepflichtverletzung hingewiesen hat (§ 19 V 1 VVG).[119] Die **„gesonderte Mitteilung in Textform"** setzt voraus, dass sich der Hinweis durch seine Platzierung und die drucktechnische Gestaltung vom übrigen Text derart abhebt, dass er für den Versicherungsnehmer nicht zu übersehen ist.[120] Eine Ausnahme hiervon gilt bei **arglistiger Anzeigepflichtverletzung** des Versicherungsnehmers. Hier besteht ein Rücktrittsrecht des Versicherers unabhängig von einem ausreichenden Hinweis nach § 19 V 1 VVG, weil der arglistig Handelnde nicht schutzwürdig ist.[121]

4. Ausübung der Rechte durch den Versicherer

91 Gemäß **§ 21 I VVG** muss der Versicherer die ihm zustehenden Rechte (Rücktritt, Kündigung oder Vertragsanpassung) **innerhalb eines Monats schriftlich geltend machen**. Es handelt sich um Gestaltungsrechte. Die Frist beginnt mit dem Zeitpunkt, in dem der Versicherer von der Verletzung der Anzeigepflicht Kenntnis erlangt. Der Versicherer muss in der schriftlichen Erklärung angeben, worauf er die Ausübung seines Rechts stützt. Im Fall des Rücktrittes gemäß § 19 II VVG nach Eintritt des Versicherungsfalles ist der Versicherer nicht zur Leistung verpflichtet, es sei denn es fehlt an der erforderlichen Kausalität (§ 21 II 1 VVG). Bei arglistiger Anzeigepflichtverletzung gibt es kein Kausalitätserfordernis, d.h. bei fristgerechtem Rücktritt ist der Versicherer immer leistungsfrei. Die Gestaltungsrechte nach § 19 II–IV VVG unterliegen einer **Ausschlussfrist**. So sind die Rechte des Versicherers nach fünf Jahren ausgeschlossen, wenn der Versicherungsnehmer die Verletzung vorvertraglicher Anzeigepflicht nicht zu vertreten hat oder ihm Fahrlässigkeit vorgeworfen wird, vgl. § 21 III VVG. Bei Vorsatz oder Arglist beträgt die Ausschlussfrist zehn Jahre.

5. Verhältnis zu §§ 119, 123 BGB

92 Aus § 22 VVG folgt, dass die §§ 19 ff. VVG **grundsätzlich Sperrwirkung** für die allgemeinen Anfechtungstatbestände (§ 119 BGB)

---

[119] Vgl. hierzu OLG Brandenburg NJW-RR 2010, 385.

[120] BGH NJW 2017, 166 Rn. 13; OLG Hamburg ZfS 2014, 450; OLG Stuttgart VersR 2014, 985.

[121] BGH NJW 2014, 1452 m.w.N.

entfalten, wenn der Versicherer durch den Versicherungsnehmer bei Vertragsschluss über gefahrerhebliche Umstände falsch informiert wurde.[122] Die Sperrwirkung gilt nicht für den Fall der **arglistigen Täuschung**. Arglistiges Verschweigen eines gefahrerheblichen Umstandes kann nach § 123 BGB auch dann eine Anfechtung wegen Arglist begründen, wenn nach diesem Umstand nicht in Textform gefragt wurde (wohl h.M).[123] Arglist ist im Einzelfall schon dann naheliegend, wenn der Versicherungsnehmer den von einem Dritten ausgfüllten Versicherungsantrag „blind" unterschreibt und dadurch eine Erklärung „ins Blaue hinein" abgibt.[124]

Fall – Vorvertragliche Anzeigepflicht:[125] VN A verlangt aus der Feuerversicherung Entschädigung wegen eines Brandes in seinen Betriebsgebäuden. Für die Isolierung der Gebäude wurde Polystyrol als Dämmmaterial verwendet. In der Nachbarschaft befinden sich Betriebsräume eines Chemiebetriebes, der sich mit der Destillation von Lösemittel befasst. Im Zusammenhang mit dem Abschluss des Versicherungsvertrages über einen Makler kam es zu einer Besichtigung des versicherten Grundstückes. Im Anschluss wurde ein Besichtigungsbericht zur Feuerversicherung durch den Makler gefertigt, der auch eine Reihe vorformulierter Fragen enthielt. Zur Frage von „Betriebe/Läger in der Nachbarschaft" wurde das Feld „nein" mit einem Häkchen versehen. VR X ist vom Versicherungsvertrag zurückgetreten. Auf den Hinweis des A, dass dieser nicht ordnungsgemäß über die Rechtsfolgen einer Anzeigpflichtverletzung belehrt worden sei, kontert der VR X mit Verweis auf die Belehrung in seinen AVB. Ist VR X zu Recht zurückgetreten?

Der VR X war nicht berechtigt vom Vertrag gemäß § 19 II VVG zurückzutreten. Zwar hat der VN A den ihm bekannten Gefahrumstand der Nachbarbebauung nicht angezeigt. Jedoch hat der VR X nach diesen nicht in Textform gefragt. Dies ist Tatbestandsvoraussetzung für die Verletzung einer vorvertraglichen Anzeigepflicht. Die vom Makler ausgearbeiteten Fragen im Fragebogen können nicht so behandelt werden, als seien sie vom VR X gestellt worden. Dem VR obliegt bei Vertragsschluss die Frage nach Gefahrumständen, welche er selbst ausüben muss. Der Makler steht im Lager des

[122] VersRHdb/*Johannsen*, § 8 Rn. 133.

[123] MüKo-VVG/*Müller-Frank*, § 22 Rn. 5 ff.; Hk-VVG/*Schimikowski*, § 22 Rn. 7.

[124] OLG Hamm BeckRS 2019, 35816.

[125] Nach LG Hagen r+s 2010, 276.

VN und gilt als Dritter. Eine spontane Anzeigepflicht besteht kraft Gesetzes nicht. Weiterhin genügt die Rechtsfolgenbelehrung nicht den Anforderungen nach § 19 VI 1 VVG. Der Verweis auf eine in einem umfangreichen Klauselwerk enthaltene Rechtsfolgenbelehrung entspricht nicht den Anforderungen des Gesetzes. Die Warnfunktion verlangt eine „gesonderte Mitteilung in Textform".

II. Obliegenheiten nach Vertragsschluss

Nach Vertragsschluss treffen den Versicherungsnehmer sowohl Obliegenheiten vor und nach dem Eintritt des Versicherungsfalles.

1. Begriffsdefinition, Abgrenzung

93 Eine Obliegenheit nach **§ 28 VVG** setzt voraus, dass vom Versicherungsnehmer ein bestimmtes Verhalten gefordert wird. Nach der herrschenden Voraussetzungstheorie ist die Beachtung der Obliegenheit Voraussetzung zum Erhalt der Rechte aus dem Versicherungsvertrag.[126] Obliegenheiten sind nicht einklagbar. Von der Obliegenheit sind Risikobeschreibungen abzugrenzen. Risikoausschlüsse klammern bestimmte Risiken von vornherein vom Versicherungsschutz aus. Greift der Ausschluss ein, so besteht ohne weiteres kein Versicherungsschutz. Die Sanktionierung einer Obliegenheitsverletzung durch Kündigung des Vertrages oder Leistungsfreiheit setzt Verschulden und Kausalität des Verhaltens für den Versicherungsfall voraus. §§ 28, 32 VVG entfalten einen Schutzzweck, der vom Versicherer nicht dadurch umgangen werden darf, dass er eine Obliegenheit durch die Formulierung einer Klausel oder durch den Standort innerhalb des Regelwerkes in eine Risikobeschreibung umwandelt.[127] Wird das die Obliegenheit kennzeichnende Verhaltensgebot in einer (objektiven) Risikobeschreibung versteckt, so spricht man von „verhüllten Obliegenheiten". Die Abgrenzung zwischen Obliegenheiten und Risikobeschreibungen kann bisweilen schwierig sein. Maßgeblich ist nach der Rechtsprechung des *BGH* nicht der Wortlaut, sondern der materielle Inhalt der einzelnen Bedingung.[128] Steht das Verhalten des Versicherungsnehmers im Vordergrund und tritt dieses nicht hinter objektive Kriterien zurück, so liegt eine Obliegenheit vor.

[126] Hk-VVG/*Felsch*, § 28 Rn. 5 m.w.N.
[127] BGH NJW 1980, 837.
[128] BGH NJW 2014, 3449 Rn. 18; BGH NJW 1985, 2831, 2832 jeweils m.w.N.

Beispiel für verhüllte Obliegenheit: § 5 Nr. 1d AVBR 1980, wonach Pelze, Schmuck, Fotoapparate, usw. in unbeaufsichtigt abgestellten Kfz nicht versichert sind.[129]

Klauseln mit verhüllten Obliegenheiten, die zu einem „harten" Risikoausschluss führen, sind eng auszulegen und können ggf. nach § 305c I BGB überraschend oder nach § 307 BGB unwirksam sein.[130]

2. Obliegenheiten vor und nach Eintritt des Versicherungsfalles

Vertragliche Obliegenheiten sollen de Versicherer in die Lage ver- 94
setzen, das zu übernehmende Risiko richtig zu beurteilen und eine ordnungsgemäße Durchführung des Versicherungsvertrages ermöglichen.[131] Obliegenheiten vor dem Eintritt des Versicherungsfalles zielen meist darauf ab, gewisse Risikosituationen zu vermeiden.

Beispiele: Die Fahrerlaubnisklausel in der Fahrzeugversicherung (Ziff. D.1.1.3 AKB 2015) verlangt, dass nur derjenige ein Fahrzeug führen darf, der im Besitz einer Fahrerlaubnis ist.

Der Versicherungsnehmer darf bei der Fahrzeugsversicherung die Unfallstelle nicht verlassen, ohne die erforderlichen Feststellungen zu ermöglichen (Ziff. E.1.1.3 AKB 2015). Dies gilt unabhängig vom strafrechtlichen Maßstab des § 142 StGB.[132]

Als Obliegenheiten nach Eintritt des Versicherungsfalles sind insbesondere die **Anzeigepflicht** (§ 30 VVG) und die **Auskunftspflicht** (§ 31 VVG) relevant. Die Anzeigepflicht soll sicherstellen, dass der Versicherer unverzüglich von dem eingetretenen Versicherungsfall Kenntnis erlangt. Bei der Auskunftspflicht soll der Versicherer in die Lage versetzt werden, eine sachgerechte Prüfung der Leistung durchzuführen.

Beide Obliegenheiten sind gesetzliche Obliegenheiten, jedoch enthalten die §§ 30, 31 VVG keine Rechtsfolgen. Man nennt diese Vorschriften auch **„lex imperfecta"**. Übernimmt der Versicherer diese Obliegenheiten in seine AVB und ergänzt sie um eine Rechtsfolge, so richtet sich ein Verstoß nach § 28 VVG. Die Modifikation der gesetzlichen Obliegenheit macht diese zu einer vertraglichen.

---

129 BGH NJW 1985, 2831.
130 Vgl. vertiefend hierzu Prölss/Martin/*Armbrüster*, § 28 Rn. 42 ff. m.w.N.
131 MüKo-VVG/*Wandt*, Vor § 28 Rn. 23.
132 OLG Stuttgart NJW-RR 2015, 286.

3. Sanktionensystem nach § 28 VVG

95 Verletzt der Versicherungsnehmer eine Obliegenheit vor Eintritt des Versicherungsfalles vorsätzlich oder grob fahrlässig so hat der Versicherer ein **Kündigungsrecht**. Danach kann er den Vertrag innerhalb eines Monats nachdem er von der Obliegenheitsverletzung Kenntnis erlangt hat ohne Einhaltung einer Frist kündigen (§ 28 I VVG). Der Versicherer wird nach § 28 II 1 VVG **leistungsfrei** bei vorsätzlichem Verhalten, wenn der Versicherer diese Rechtsfolge – i.d.R. in den AVB – vertraglich vereinbart hat. Der Vorsatz ist vom Versicherer zu beweisen. Bei grober Fahrlässigkeit hat der Versicherer das Recht, die Leistung entsprechend der Schwere des Verschuldens zu kürzen (§ 28 II 2 VVG), soweit der Versicherungsnehmer keinen Kausalitätsgegenbeweis führt (§ 28 III 1 VVG). Er muss außerdem das Fehlen grober Fahrlässigkeit beweisen. Zusätzliche Voraussetzung für die vollständige und teilweise Leistungsfreiheit durch den Versicherer bei Verletzung der Auskunfts- und Aufklärungsobliegenheit nach Eintritt des Versicherungsfalles ist eine Rechtsfolgenbelehrung durch gesonderte Mitteilung in Textform vom Versicherer an den Versicherungsnehmer (§ 28 IV VVG). Auf dieses Erfordernis des § 28 IV VVG muss der Versicherer im Zusammenhang mit der Vereinbarung der Leistungsfreiheit nicht gesondert hinweisen (kein „Hinweis auf die Hinweispflicht“).[133] Zu Einzelheiten der Quotelung siehe die Ausführungen zu § 81 VVG.[134]

Rechtsfolgen einer vertraglichen Obliegenheitsverletzung:

- bei *leichter Fahrlässigkeit* (vom VN zu beweisen) besteht weder ein Kündigungsrecht des VR, noch Leistungsfreiheit
- bei *grober Fahrlässigkeit* (widerleglich vermutet) kann VR kündigen (§ 28 I VVG) und bei entsprechender Vereinbarung die Leistung quotal kürzen (§ 28 II 2 VVG)
- bei *Vorsatz* Kündigungsrecht und bei entsprechender Vereinbarung Leistungsfreiheit des VR (Beweislast beim VR)
- weitere Voraussetzung der Leistungsfreiheit:
  1. Kausalität der Obliegenheitsverletzung (widerleglich vermutet, § 28 III 1 VVG), außer bei Arglist (§ 28 III 2 VVG)
  2. Hinweis des Versicherungsnehmers auf die Rechtsfolge bei Aufklärungs- und Auskunftsobliegenheit (§ 28 IV VVG)

Übersicht 14: *Sanktionensystem vertragl. Obliegenheiten*

[133] BGH NJW 2018, 1544 Rn. 23 ff.
[134] Vgl. hierzu Rn. 110 ff.

In der **Kfz-Haftpflichtversicherung** sind im Falle von Obliegenheitsverletzungen, gleich ob vorsätzlich oder grob fahrlässig, die Leistungsfreiheit bzw. Leistungskürzung gegenüber dem Versicherungsnehmer und den mitversicherten Personen grundsätzlich auf höchstens 2.500 Euro bzw. 5.000 Euro beschränkt (§§ 5 III, 6 KfzPflVV). Dies gilt entsprechend bei einer Gefahrerhöhung. Da § 28 VVG die vorrangige Vorschrift darstellt, ist erst die Kürzungsquote zu bestimmen, bevor die Regressbeschränkung eingreift.[135] **95a**

III. Zurechnung von Drittverhalten

Beim Abschluss und der Abwicklung des Versicherungsvertrages schaltet der Versicherungsnehmer oftmals Dritte ein. Die §§ 166, 278 BGB finden im Versicherungsrecht keine unmittelbare Anwendung, vielmehr haben sich **versicherungsrechtliche Spezifika** herausgebildet. Es stellt sich somit die Frage, wie das Verhalten beispielsweise bei einer Obliegenheitsverletzung oder die Kenntnis Dritter dem Versicherungsnehmer zugerechnet werden. Für die Fremdversicherung (Versicherung für fremde Rechnung) stellt § 47 VVG die Kenntnis und das Verhalten des Versicherten dem des Versicherungsnehmers gleich. Auch die Lebens- und Krankenversicherung enthalten Zurechnungsregeln für die Kenntnis und das Verhalten der versicherten Person (§§ 156, 193 II VVG). Dogmatisch ist zwischen drei Fallkonstellationen zu unterscheiden, wobei die Rechtsprechung meist allgemein von Haftung des Repräsentanten spricht. Wie im allgemeinen Zivilrecht muss man aber zwischen der Zurechnung von (Fehl-)Verhalten (dort § 278 BGB) und der Wissenszurechnung (dort § 166 BGB) unterscheiden. **96**

1. Zurechnung von Repräsentantenverhalten

Der Versicherungsnehmer hat sich das tatsächliche Verhalten seiner Repräsentanten mit dem Umgang des versicherten Risikos zurechnen zu lassen (sog. Repräsentantenhaftung). Danach stehen die Repräsentanten dem Versicherungsnehmer in Bezug auf Obliegenheiten und subjektive Risikoausschlüsse wie § 81 VVG gleich. Die Zurechnung von Repräsentantenverhalten ist **gesetzlich nicht geregelt**. Bei der Repräsentation handelt sich um eine durch die Rechtsprechung entwickelte Rechtsfigur. Repräsentant ist, wer im Geschäftsbereich, zu dem das versicherte Risiko gehört, aufgrund eines Vertretungs- oder ähnlichen Verhältnisses an die Stelle des Versicherungsnehmers getreten ist und auf Grund dessen befugt ist, selbständig in einem gewissen nicht **97**

[135] Hk-VVG/*Halbach*, § 5 KfzPflVV § 5 Rn. 10.

ganz unbedeutenden Umfang für den Versicherungsnehmer zu handeln.[136] Hat der Dritte die tatsächliche und vollständige Obhut über die Sache und kann damit an Stelle des Versicherungsnehmers in Bezug auf das versicherte Risiko handeln, so spricht man von **Risikoverwaltung**.[137] Der Dritte muss bspw. in der Sachversicherung die alleinige Obhut über die versicherte Sache für eine längere Dauer ausüben. Ferner ist Repräsentant des Versicherungsnehmers, wer Einfluss auf den Versicherungsvertrag nehmen kann (sog. **Vertragsverwaltung**), d.h. wer eigenverantwortlich Rechte und Pflichten aus dem Versicherungsvertrag ausüben kann.[138]

Die Zurechnung des Drittverhaltens gilt nur für die Bereiche, innerhalb derer der Versicherungsnehmer den Dritten an seine Stelle gesetzt hat. So muss sich bspw. der Versicherungsnehmer nicht die Herbeiführung des Versicherungsfalles nach § 81 VVG durch den ausschließlich zur Vertragsverwaltung eingesetzten Dritten zurechnen lassen, da dieser ja nicht das versicherte Risiko verwaltet. Ebenso wenig wird dem Versicherungsnehmer das Verhalten des Repräsentanten dann nicht zugerechnet, wenn es im Rahmen einer Tätigkeit erfolgt, gegen deren fehlerhafte Ausübung der Versicherungsnehmer durch den Vertrag gerade geschützt werden soll.[139] In der Kfz-Haftpflichtversicherung gilt das Fehlverhalten des Fahrzeugführers im Straßenverkehr daher nicht als „Repräsentation" des Versicherungsnehmers.[140]

Weitere Beispiele: Repräsentant (+):

- Ehegatte des Versicherungsnehmers in der Kfz-Kaskoversicherung, wenn er Halter und Besitzer des Pkw ist
- Zwangsverwalter bezüglich des verwalteten Wohngrundstücks bei der Wohngebäudeversicherung

Repräsentant (-):

- Bootsführer bei der einmaligen Überführungsfahrt für Versicherungsnehmer
- Mieter einer Wohnung gegenüber Wohngebäudeversicherer, wenn ihm lediglich Instandhaltungsarbeiten auferlegt wurden

2. Wissensvertreter

98 Schaltet der Versicherungsnehmer einen Dritten zur Kenntnisverwaltung ein, so liegt eine Wissensvertretung vor. Wissensvertreter ist derjenige, der vom Versicherungsnehmer damit betraut wurde (mit Wis-

---

[136] BGH NJW 1993, 1862, 1864.
[137] MüKo-VVG/*Wandt*, § 28 Rn. 126.
[138] BGH NJW 2007, 2038.
[139] Prölss/Martin/*Armbrüster*, § 28 Rn. 107 m.w.N.
[140] BGH NJW 1969, 1387; OLG Nürnberg NJW-RR 2001, 100, 101.

sen und Wollen), Tatsachen, deren Kenntnis in Bezug auf den Versicherungsvertrag rechtserheblich sind, anstelle des Versicherungsnehmers zur Kenntnis zu nehmen und diese ggf. intern weiter zu leiten.[141]

3. Wissenserklärungsvertreter

Wissenserklärungsvertreter ist derjenige Dritte, der vom Versiche- **99**
rungsnehmer mit der Abgabe einer Wissenserklärung gegenüber dem Versicherer betraut ist.[142] Die Übertragung der Abgabe einer Wissenserklärung ist eine rechtsgeschäftsähnliche Handlung. Die nicht ordnungsgemäße Erfüllung der Anzeige- oder Aufklärungsobliegenheit durch den betrauten Dritten wird dem Versicherungsnehmer **in analoger Anwendung der §§ 164, 166 BGB** zugerechnet.[143] Die Voraussetzungen der Erklärungszurechnung sind in jedem Einzelfall zu prüfen. Danach ist der Ehegatte des Versicherungsnehmers nicht per se Wissenserklärungsvertreter, vielmehr muss eine Betrauung hinzukommen oder die Grundsätze der Duldungsvollmacht sind entsprechend anwendbar.

F. Schadens- und Summenversicherung

I. Einteilung

Bei den Versicherungsverträgen ist grundsätzlich zwischen Scha- **100**
dens- und Summenversicherungen zu unterschieden. Auf dem Versicherungsmarkt werden auch Kombinationen aus Schadens- und Summenversicherung angeboten. Die Krankenversicherung ist bspw. in Bezug auf die Behandlungskosten eine Schadensversicherung, im Hinblick auf das Krankentagegeld eine Summenversicherung.

Bei der **Schadensversicherung** wird dem VN der **konkrete Vermögensschaden** erstattet, der durch den Versicherungsfall eingetreten ist. Verglichen wird die wirtschaftliche Vermögenslage vor und nach dem Eintritt des Schadens.
Die **Summenversicherung** beruht auf dem Prinzip der **abstrakten Bedarfsdeckung**. Bei ihr wird eine im Voraus versprochene festgelegte Geldleistung nach Eintritt des Versicherungsfalles gezahlt, ohne dass ein entsprechender Bedarf nachgewiesen werden muss.

***Übersicht 15:** Definition Schadens- und Summenversicherung*

---

[141] MüKo-VVG/*Wandt*, § 28 Rn. 159 m.w.N.
[142] BGHZ 128, 167, 169.
[143] BGH NJW 1993, 2112, 2113.

II. Besonderheiten der Schadensversicherung

101 Die allgemeinen Vorschriften zur Schadens- und Sachversicherung sind im ersten Teil, Kapitel 2, des VVG (**§§ 74 ff.**) geregelt. Die fast in jedem Haushalt vorhandene Sachversicherung (Hausratsversicherung, Wohngebäudeversicherung) stellt eine reine Schadensversicherung dar, die nicht als Summenversicherung ausgestaltet werden kann, denn die Versicherungsleistung ist **auf den tatsächlich entstandenen Schaden begrenzt**. Dieser Gesichtspunkt ist das relevante Abgrenzungskriterium der Schadensversicherung zur Summenversicherung, bei der nach Eintritt des Versicherungsfalles unabhängig von einem konkreten Schaden die vereinbarte Summe gezahlt wird. Klassische Beispiele für die Summenversicherung sind die Lebens- und Unfallversicherung. Bei der Schadensversicherung ist zwischen der Aktivenversicherung und der Passivenversicherung zu unterscheiden. Die **Aktivenversicherung** schützt einzelne Vermögensbestandteile (z.B. Sachversicherung). Hingegen hat die **Passivenversicherung** den Schutz des gesamten Vermögens zum Gegenstand (z.B. Haftpflichtversicherung).

1. Versicherungssumme

102 Die Schadensversicherung schützt den Versicherungsnehmer vor unfreiwilligen Vermögenseinbußen, indem sich der Versicherer zum Ersatz des entstandenen Schadens verpflichtet. Der Versicherer haftet gemäß § 1 VVG nur bis zur Höhe der vereinbarten Versicherungssumme. Darüber hinaus ist er auch zum Ersatz bestimmter Kosten verpflichtet. Dies ergibt sich entweder aus den AVB oder dem Gesetz (wie §§ 83, 85 VVG). So werden in der Allgemeinen Wohngebäudeversicherung nach Ziff. A 11.1 VGB 2016 im Versicherungsfall u.a. Aufräum- und Abbruchkosten ersetzt. Nach § 85 I VVG werden die Schadensermittlungs- und Schadensfeststellungskosten ersetzt. Ermittlung bedeutet die Erforschung der Schadensursache, des Schadenshergangs und des Schadensumfangs als technischem Sachverhalt.[144]

2. Versicherungswert

103 Der Versicherungswert wird in **§ 88 VVG** legal definiert als Zeitwert. Maßgeblich ist damit in der Sachversicherung der Wert der versicherten Sache zum Zeitpunkt des schädigenden Ereignisses, wobei für die Wertbemessung der Wiederbeschaffungswert abzüglich des Minderwertes maßgeblich ist. § 88 VVG ist halbzwingend, so dass die AVB

---

[144] Hk-VVG/*Rüffer*, § 85 Rn. 2.

den Versicherungswert teilweise abweichend regeln, z.B. als Neuwertversicherung (so in Ziff. A 14.1.1 VHB 2016). Ein Bereicherungsverbot besteht nicht, so dass gegen eine Neuwertversicherung keine Bedenken bestehen.[145] Für die Wertberechnung ist der Zeitpunkt des Versicherungsfalles maßgeblich.

3. Fehlendes versichertes Interesse

Das Verhältnis von Leistung und Gegenleistung des Versicherungsvertrages kann wegen anfänglichen Fehlens oder nachträglichen Wegfalls des versicherten Interesses gestört sein. Für die Schadensversicherung regelt **§ 80 VVG** diese Fallkonstellationen. 104

Das versicherte **Interesse fehlt von Anfang an**, wenn die versicherte Sache zum Zeitpunkt des technischen Versicherungsbeginns (Vertragsschluss) nicht existiert oder das rechtliche Verhältnis des Versicherungsnehmers dazu nicht besteht.

Beispiel: Der Versicherungsnehmer ist wegen § 935 BGB nicht Eigentümer der versicherten Sache im Rahmen seiner Hausratversicherung.

Außerdem muss ausgeschlossen sein, dass das Interesse nicht mehr später entstehen kann (z.B. die versicherte Sache erworben wird). Bei anfänglichem Interessemangel wird der Versicherungsnehmer gemäß § 80 I VVG von der Zahlung der Prämie befreit. Ist die Prämie bereits gezahlt, so entsteht ein Rückforderungsanspruch. Der Versicherer kann jedoch eine angemessene Geschäftsgebühr verlangen. Im Übrigen besteht der Versicherungsvertrag weiter.

Ein **nachträglicher Interessenwegfall** liegt vor, wenn das zunächst vorhandene versicherte Interesse dauerhaft und vollständig nicht mehr besteht (z.B. Untergang der versicherten Sache).[146] Dazu genügt es jedoch nicht, dass sich lediglich die Gefahr verringert oder sich die versicherte Sache nicht am Versicherungsort befindet.[147] Im Falle der Veräußerung liegt keinen Interessewegfall vor, weil die Versicherung nach der spezielleren Vorschrift des § 95 I VVG auf den Erwerber übergeht.[148] Bei nachträglichem Interessenwegfall ergeben sich die Rechtsfolgen aus § 80 II VVG. Danach gebührt dem Versicherer ein Anteil der Prämie, berechnet auf den Zeitpunkt der Kenntnis vom Interessewegfall. Hat der Versicherungsnehmer ein nicht bestehendes Interesse in der Absicht rechtswidriger Bereicherungsabsicht versi- 105

[145] BGH NJW 2010, 294 Rn. 11; Prölss/Martin/*Armbrüster*, § 88 Rn. 36a.
[146] Hk-VVG/*Brambach*, § 80 Rn. 11.
[147] Prölss/Martin/*Armbrüster*, § 80 Rn. 8.
[148] Vgl. hierzu Rn. 121.

chert, ist der Vertrag nach § 80 III VVG nichtig und dem Versicherer steht die Prämie bis zum Zeitpunkt der Kenntnis der Nichtigkeitsumstände zu.

4. Über- und Unterversicherung, Doppelversicherung

106 Entspricht die **Versicherungssumme nicht dem Versicherungswert**, wie im Idealfall der Vollwertversicherung, so spricht man von Über- oder Unterversicherung.

Übersteigt die Versicherungssumme den Wert des versicherten Interesses (Versicherungswert) erheblich, so kann nach **§ 74 I VVG** jede Vertragspartei verlangen, dass die Versicherungssumme unter gleichzeitiger Prämienanpassung herabgesetzt wird. Ein erhebliches Übersteigen der Versicherungssumme gegenüber dem Wert liegt in der Regel bei einer Differenz von mehr als 10% für eine gewisse Dauer vor.[149] Das Herabsetzungsverlangen ist ein Gestaltungsrecht (h.M.).[150] Bei betrügerischer Überversicherung ist der Vertrag nichtig (§ 74 II VVG).

107 Der Fall der **Unterversicherung**, d.h. die Versicherungssumme ist zur Zeit des Versicherungsfalles erheblich niedriger (i.d.R. auch Abweichung von 10%[151]) als der Versicherungswert, ist in **§ 75 VVG** geregelt. Danach wird bei Unterversicherung der Ersatzanspruch in demjenigen Verhältnis reduziert, in dem Versicherungssumme und Versicherungswert zueinander stehen. Bei einem Totalschaden entspricht der Ersatzanspruch dem Versicherungswert, so dass sich die Haftung auf die Versicherungssumme beschränkt. Die Regelung des § 75 VVG greift folglich nur bei Teilschäden ein, für die sich eine Quote berechnen lässt. § 75 VVG ist abdingbar, während von § 74 VVG nicht zum Nachteil des Versicherungsnehmers abgewichen werden darf (§ 87 VVG). §§ 74, 75 VVG gelten nur im gesamten Bereich der Schadensversicherung.[152] Bei der Summenversicherung kommen ggf. Anpassungen über die Rechtsfigur des Wegfalls der Geschäftsgrundlage in Betracht.

108 Hat der Versicherungsnehmer bei mehreren Versicherern **ein Interesse gegen dieselbe Gefahr versichert**, so ist dies gemäß § 77 VVG jedem Versicherer unverzüglich anzuzeigen. Diese Anzeigepflicht ist eine Rechtspflicht und keine Obliegenheit (h.M.).[153] Bei einer schuld-

---

[149] MüKo-VVG/*Halbach*, § 74 Rn. 5 m.w.N.
[150] Hk-VVG/*Brambach*, § 74 Rn. 27 m.w.N.
[151] Prölss/Martin/*Armbrüster*, § 75 Rn. 5.
[152] Hk-VVG/*Brambach*, § 75 Rn. 3.
[153] MüKo-VVG/*Halbach*, § 77 Rn. 29.

haften Pflichtverletzung diesbezüglich durch den Versicherungsnehmer kommt eine Haftung nach § 280 I BGB in Betracht. Soweit durch mehrere Versicherungen der Versicherungswert überschritten wird, liegt gemäß § 78 VVG eine **Mehrfachversicherung (Doppelversicherung)** vor. Diese Konstellation begründet ein Anpassungs- oder Beseitigungsrecht (§ 79 I VVG). Die Vorschriften über die Mehrfachversicherung sollen verhindern, dass der Versicherungsnehmer denselben Schaden mehrmals ersetzt bekommt. Die Versicherer haften daher nach § 78 I VVG als Gesamtschuldner. Die Höchstgrenze ihrer Einstandspflicht folgt aus dem jeweiligen Vertrag, wobei der Versicherungsnehmer aber insgesamt nicht mehr als den Betrag des Schadens verlangen kann. Im Innenverhältnis zwischen den Versicherern findet nach § 78 II VVG ein Ausgleich entsprechend der einzelnen Haftungsanteile statt. Der Versicherungsnehmer kann gemäß § 79 I VVG verlangen, dass bei mehreren Versicherungen der spätere Vertrag aufgehoben bzw. die Versicherungssumme zur Vermeidung einer Überversicherung angepasst wird (Gestaltungsrecht), vorausgesetzt er hatte keine positive Kenntnis über die Mehrfachversicherung. Letzteres hat der Versicherungsnehmer zu beweisen. Ist eine Mehrfachversicherung dadurch entstanden, dass der Versicherungsnehmer die Verträge in betrügerischer Absicht geschlossen hat, so sind diese gemäß § 78 III VVG nichtig.

5. Herbeiführung des Versicherungsfalls (§ 81 VVG)

a) Voraussetzungen des Leistungskürzungsrechts

Der Versicherer wird gemäß § 81 I VVG von seiner Leistungs- **109**
pflicht frei, wenn der Versicherungsnehmer den Versicherungsfall (Schaden) **vorsätzlich herbeigeführt** hat. Vorsätzlich handelt, wer mit Wissen und Wollen den Versicherungsfall verursacht. Die Beweislast trifft den Versicherer. Es handelt sich dogmatisch um einen **subjektiven Risikoausschluss**, d.h. § 81 VVG begründet weder eine allgemeine Pflicht des Versicherungsnehmers zur Verhütung des Versicherungsfalles, noch eine gesetzliche Obliegenheit.[154] Hat der Versicherungsnehmer den Versicherungsfall herbeigeführt, so hat er seinen Ersatzanspruch gegen den Versicherer verwirkt bzw. es liegt bei vorsätzlichem Verhalten gar kein Versicherungsfall vor. Für einzelne Versicherungszweige bestehen Sondervorschriften (insbes. §§ 103, 162, 183 VVG). Viele AVB statuieren ferner eine vollständige Leistungsfreiheit auch in den Fällen, bei denen der Versicherungsnehmer den Versicherer arglistig täuscht.

---

[154] Prölss/Martin/*Armbrüster*, § 81 Rn. 3 f.

Hat der Versicherungsnehmer **grob fahrlässig** den Versicherungsfall herbeigeführt, so ist der Versicherer berechtigt, seine Leistung in einem der **Schwere des Verschuldens** des Versicherungsnehmers entsprechenden Verhältnis zu kürzen. Grobe Fahrlässigkeit setzt voraus, dass der Versicherungsnehmer die im Verkehr erforderliche Sorgfalt objektiv in einem ungewöhnlich hohen Maß verletzt und das gesteigerte Verschulden auch subjektiv unentschuldbar ist.[155] Der objektive Pflichtenverstoß indiziert oftmals auch die Unentschuldbarkeit des Verhaltens, also die subjektive Komponente. Die Beweislast für grobe Fahrlässigkeit und die Kausalität des Verhaltens liegt beim Versicherer.[156]

b) Rechtsfolgen[157]

110 Ein wesentlicher Punkt der VVG-Reform 2008 war die Abschaffung des „Alles-oder-Nichts-Prinzips" bei grob fahrlässigem Verhalten des Versicherungsnehmers. Es wurde durch ein **„Mehr-oder-Weniger-Prinzip"** ersetzt.

Lernhinweis: Verletzt der Versicherungsnehmer vertragliche Pflichten oder andere Obliegenheiten, bemessen sich die Folgen streng an Kausalitäts- und Verschuldenserfordernissen. Bei Verletzung von vertraglichen Obliegenheiten (§ 28 II VVG), einer Gefahrerhöhung (§ 26 I VVG), der Herbeiführung des Versicherungsfalles (§ 81 II VVG), im Rettungspflichtbereich (§ 82 III VVG) und beim Übergang von Ersatzansprüchen (§ 86 II 3 VVG) hat der Gesetzgeber im Bereich grober Fahrlässigkeit ein **Quotenmodell** eingeführt, so dass sich die hier gestellten Fragen im gesamten Versicherungsrecht stellen.

In § 81 II VVG heißt es: „Führt der Versicherungsnehmer den Versicherungsfall grob fahrlässig herbei, ist der Versicherer berechtigt, seine Leistung *in einem der Schwere des Verschuldens des Versicherungsnehmers entsprechenden Verhältnis* zu kürzen".[158] Das Leistungskürzungsrecht des Versicherers bei grob fahrlässigem Verhalten des Versicherungsnehmers ist ein Gestaltungsrecht, das durch einseitige empfangsbedürftige Willenserklärung des Versicherers geltend gemacht wird. Die Fälle, bei denen der Versicherer von seinem Kürzungsrecht Gebrauch macht, reichen vom Brennenlassen von Kerzen

---

[155] Hk-VVG/*Karczewski*, § 81 Rn. 8.
[156] BGH VersR 1985, 78, 79.
[157] Vgl. vertiefend hierzu *Kerst*, VW 2010, 501.
[158] Hervorhebung von den Verfassern.

über die Kippstellung der Fenster im Urlaub bis zu Trunkenheitsfahrten. Sie gehören zum versicherungsunternehmerischen Tagesgeschäft. Wie man den Normtext „Schwere des Verschuldens" in den verschiedenen Leistungskürzungsnormen zu verstehen hat, d.h. die Rechtsfolgenseite des Leistungskürzungsrechts anwendet, ist in der Klausur zu erörtern. Das Ausmaß der Kürzung steht ja nicht im Ermessen des Versicherers, sondern muss den gesetzlichen Vorgaben entsprechen und ist gerichtlich überprüfbar.

(1) Verschuldensgrade

Demzufolge ist innerhalb des Verschuldensgrades der groben Fahrlässigkeit der Schweregrad zu ermitteln. Man wird zwischen leichter, mittlerer und schwerer grober Fahrlässigkeit zu differenzieren haben (sog. **Drei-Bereichs-Modell**).[159] Diese Dreiteilung ermöglicht eine erste Annäherung und Einordnung des zu beurteilenden Falles, auf dessen Grundlage dann eine weitere Spezifizierung unter Berücksichtigung aller Umstände des Einzelfalles und gegebenenfalls subjektiver Besonderheiten erfolgen kann. Demgegenüber favorisiert ein Teil der Rechtsprechung und Literatur bei Einordnung des Verschuldens in die Schwereskala das sog. **Mittelwert-Modell**.[160] Dabei soll in Fällen der groben Fahrlässigkeit eine Ausgangsquote von 50% anzunehmen sein. Strebt der Versicherer eine höhere Kürzungsquote an, dann trage er hierfür die Beweislast. Die weitere Kürzung soll dabei in Schritten von jeweils 10% erfolgen.[161] Will der Versicherungsnehmer hingegen einen höheren Leistungsanspruch, d.h. er behauptet eine niedrigere Kürzungsquote, soll der Versicherungsnehmer nach dem sog. Mittelwert-Modell hierfür die Beweislast tragen. Teilweise wird bei diesem Lösungsansatz einer Regelkürzung von 50% dem Versicherungsnehmer zumindest die sekundäre Darlegungslast auferlegt, wenn er einen geringeren Verschuldensgrad innerhalb der Schuldform der groben Fahrlässigkeit geltend machen will.[162] **111**

Das Mittelwert-Modell wird jedoch dem Normgehalt des § 81 II VVG nicht gerecht. Die Intention dieser Vorschrift zielt ausgehend vom Wortlaut („Schwere der Schuld") auf eine Einzelfallbetrachtung unter Berücksichtigung der jeweiligen Besonderheiten des Falles. Eine grundsätzlich stets gleich lautende Quote wird dem nicht gerecht. Beim mittleren Einstiegswert von 50% liegt wohl die Vorstellung zugrunde, dass man in den Fällen des § 81 II VVG von einer durchschnittlichen, **112**

---

159 MüKo-VVG/*Looschelders*, § 81 Rn. 142.

160 OLG Hamm BeckRS 2010, 22886; Hk-VVG/*Karczewski*, § 81 Rn. 100.

161 Hk-VVG/*Karczewski*, § 81 Rn. 106.

162 Hk-VVG/*Karczewski*, § 81 Rn. 100.

mittleren groben Fahrlässigkeit auszugehen hat. Eine solche Vorstellung findet in der Formulierung „Schwere des Verschuldens“ keine Stütze, auch nicht bezüglich der differenzierten Beweislastverteilung. Es kann Einzelfälle geben, in denen von vornherein den Umständen nach ein höherer oder niedrigerer „Einstiegswert“ als 50% geboten ist. Der Schweregrad des Verschuldens wird entscheidend geprägt durch das objektive Gewicht der verletzten Verhaltensnorm.[163]

(2) Beweislast hinsichtlich der Schwere der groben Fahrlässigkeit

113 Vielmehr trifft den Versicherer die Beweislast für den von ihm behaupteten Schweregrad des Verschuldens des Versicherungsnehmers, d.h. für die geltend gemachte Kürzungsquote.[164] Das Gesetz geht nämlich ausgehend von der unterschiedlichen Wortfassung von Absatz 1 und Absatz 2 des § 81 VVG im Falle grober Fahrlässigkeit von einer Leistungspflicht des Versicherers aus, die lediglich entsprechend der Schwere des Verschuldens gekürzt wird. Somit hat *nicht* der Versicherungsnehmer einen geringeren Schweregrad seines Verschuldens und einen gegenüber den Vorstellungen des Versicherers höheren Leistungsanspruch zu beweisen.

(3) Kürzungshöhe der Leistung

114 In der Regel wird die Kürzungsspanne im Bereich von 10–90 % anzusiedeln sein und so den Unterschieden von grober Fahrlässigkeit zu Vorsatz einerseits sowie zu einfacher Fahrlässigkeit andererseits Rechnung tragen.[165] Eine Kürzungsquote von weniger als 10 % kommt praktisch nicht in Betracht.[166] Nach der Rechtsprechung des *BGH* und der überwiegenden Auffassung im Schrifttum ist es möglich, die Leistungspflicht des Versicherers in schwersten Fällen der groben Fahrlässigkeit **auf Null zu kürzen**.[167] Dies wird aber auf extreme Ausnahmefälle beschränkt bleiben müssen.

Der alleinige Maßstab für das Leistungskürzungsrecht nach § 81 II VVG ist die Schwere des Verschuldens des Versicherungsnehmers. So ist der Grad der Ursächlichkeit bei der Bemessung der Quote außer Betracht zu lassen, da die zu § 254 BGB entwickelten Grundsätze nicht heranzuziehen sind. Die Ursächlichkeit ist mit Blick auf das Verschul-

---

[163] MünchKomm-VVG/*Looschelders*, § 81 Rn. 142.

[164] Prölss/Martin/*Armbrüster*, § 81 Rn. 68.

[165] Prölss/Martin/*Armbrüster*, § 81 Rn. 62.

[166] BGH NJW 2014, 3234 Rn. 12; MüKo-VVG/*Looschelders*, § 81 Rn. 140.

[167] BGH NJW 2011, 3299; OLG Dresden BeckRS 2017, 137872; OLG Hamm r+s 2012, 391; Hk-VVG/*Karczewski*, § 81 Rn. 107; a.A. Vorauflage Rn. 114; KG NZV 2011, 495.

den zu würdigen. Da der Verschuldensgrad Anknüpfungspunkt für die Kürzung ist, sind auch die wirtschaftlichen Verhältnisse des Versicherungsnehmers grundsätzlich außer Betracht zu lassen. Durch die mittelbare Ausstrahlungswirkung des Verfassungsrechts auf das Versicherungsrecht kann es jedoch in Einzelfällen zu Korrekturen durch die Gerichte unter dem Gesichtspunkt von Treu und Glauben kommen (§ 242 BGB). Bei drohender Existenzvernichtung des Versicherungsnehmers hat der Versicherer sein Kürzungsrecht eingeschränkt auszuüben. Kriterien für die Bestimmung der Kürzungsquote sind die objektive Erkennbarkeit und Vermeidbarkeit des Versicherungsfalles sowie die subjektive Vorwerfbarkeit.[168] Es handelt sich teilweise um dieselben Kriterien, die für die Feststellung der groben Fahrlässigkeit gelten. Ferner ist die Frage heranzuziehen, in welcher Richtung des Verschuldensvorwurfs (tendenziell bedingter Vorsatz oder leichte Fahrlässigkeit) das Verhalten des Versicherungsnehmers liegt und ob Straftatbestände verwirklicht wurden.[169]

(4) Quotelung bei Verletzung mehrerer Obliegenheiten

Es ist in der Praxis nicht selten, dass neben der grob fahrlässigen Herbeiführung des Versicherungsfalles auch eine Obliegenheit grob fahrlässig verletzt wurde. Zu klären ist, wie die sich aus beiden Verhaltensweisen ergebenden Kürzungsquoten auf den Leistungsanspruch des Versicherungsnehmers auswirken. Eine schlichte Addition der Quoten[170] führt zu unangemessenen Ergebnissen, insbesondere wenn die Addition zur völligen Leistungsfreiheit des Versicherers führt. In der Literatur werden einzelne Modelle diskutiert, bei denen man zum Beispiel nur auf die höchste Kürzungsquote abstellt.[171] Da § 81 II VVG eine Einzelfallbetrachtung verlangt und die Verletzungshandlungen so vielfältig sind wie das Leben, sollte eine **wertende Gesamtbetrachtung** durchgeführt werden. Nur eine wertende Betrachtung wird den situativen, konkreten und individuellen Fragen der zu entscheidenden Sachverhalte gerecht. Dabei kann es zu einer stufenweisen, nach der zeitlichen Reihenfolge vorzunehmenden Kürzung kommen, ebenso wie zu einer Kürzung nur bezüglich der höchsten Kürzungsquote (sog. Konsumtion). **115**

168 MüKo-VVG/*Looschelders*, § 81 Rn. 136.

169 Hk-VVG/*Karczewski*, § 81 Rn. 117.

170 So etwa LG Kassel BeckRS 2010, 21118.

171 Vgl. die Nachweise bei MüKo-VVG/*Looschelders*, § 81 Rn. 143 ff. und Hk-VVG/*Karczewski*, § 81 Rn. 109 ff.

(5) Quotenvereinbarung

116 Ausweislich der Gesetzesbegründung können die Parteien pauschale Quoten vereinbaren, um Auseinandersetzungen zu vermeiden.[172] Diese Versicherungstechnik ist auch nicht unüblich, wie die Gliedertaxe in der Unfallversicherung zeigt. § 81 II VVG stellt gemäß § 87 VVG keine halbzwingende Vorschrift dar. Jedoch sind solche Vereinbarungen bei einer Verankerung in den AVB immer an § 307 BGB zu messen. Eine Kürzungsquote von 100% ist in AVB selbstredend nicht möglich.[173] Starre Festlegungen wie 50% in allen Fällen grober Fahrlässigkeit sind ebenfalls mit dem gesetzlichen Leitbild der Würdigung der Umstände des Einzelfalles unvereinbar und nach § 307 BGB unzulässig.[174] Individualität kann man in AVB nicht vereinbaren, so dass ein pragmatischer Pauschalierungsweg für die Praxis unter Berücksichtigung von § 307 BGB schwierig ist. Man könnte an eine Differenzierung nach leichter, mittlerer und schwerer grober Fahrlässigkeit denken, solange die abweichende Festsetzung im Einzelfall eröffnet bleibt.

Fall – Rotlichtverstoß:[175] Dem VN A wird ein Rotlichtverstoß zur Last gelegt und das Verhalten, das zum Versicherungsfall führte, als grob fahrlässig eingeordnet. Wie ist die Leistungskürzung entsprechend der Schwere des Verschuldens gemäß § 81 II VVG vorzunehmen?

Das LG Münster hat einer Entscheidung zu dieser Fallkonstellation folgende Leitsätze zugrunde gelegt: „Die Höhe der Leistungskürzung bei grob fahrlässiger Herbeiführung des Versicherungsfalles kann weder auf maximal 50% beschränkt werden noch führt grobe Fahrlässigkeit – ohne Vortrag entlastender Umstände – stets zur völligen Leistungsfreiheit. Die Leistungskürzung kann auch nicht auf der Basis eines „Standard-Einstiegswertes von 50% erfolgen“, sondern ist nach den besonderen Umständen des Einzelfalles ohne starre Vorgaben vorzunehmen. Um dabei ein zu großes Auseinanderklaffen etwaiger Entscheidungen zu verhindern, ist es sinnvoll und geboten, einzelne Quotenstufen von 0, 25, 50, 75 und 100% festzulegen, innerhalb derer die Quote nach dem Grad des Verschuldens unter Berücksichtigung aller Umstände des Einzelfalles zu bemessen ist.“

---

[172] BT-Drs. 16/3945, S. 80.

[173] OLG Köln r+s 2015, 139; LG Nürnberg-Fürth r+s 2010, 145.

[174] MüKo-VVG/*Looschelders*, § 81 Rn. 163; Hk-VVG/*Karczewski*, § 81 Rn. 138.

[175] Nach LG Münster NJW 2010, 240.

(6) Stufenquoten

Für die Regulierungspraxis der Versicherer ist es sinnvoll, sich zur ersten Einordnung des Falles an internen Regulierungsrichtlinien zu orientieren, die Quotenstufen wie 10, 25, 50% usw. enthalten. Diese (Richt-)Stufenquoten dürfen jedoch nicht als starre Regeln verstanden werden. Vielmehr ist innerhalb der Richtwerte die konkrete Quote nach dem Grad des Verschuldens unter Berücksichtigung aller Umstände des Einzelfalles zu bemessen.[176] 117

Fall – Brennender Adventskranz:[177] VN A zündet in der Vorweihnachtszeit jeden Morgen den Adventskranz auf dem Frühstückstisch an und weckt dann seine Lebensgefährtin B. Einmal wird er nach dem Wecken von B wieder ins Bett gezogen und „abgelenkt", so dass er nicht mehr an den Kranz denkt. Es kommt zum Brand, wodurch Teile der Wohnungseinrichtung beschädigt werden. Kann A den Schaden von seinem Hausratversicherer X ersetzt verlangen?

Der Hausratversicherer könnte nach § 81 II VVG ein Recht zur Leistungskürzung haben, wenn das Verhalten das A als grob fahrlässig einzuordnen ist. A müsste die im Verkehr erforderliche Sorgfalt in ungewöhnlich hohem Maße verletzt haben und dies müsste auch subjektiv vorwerfbar sein (zweistufige Prüfung!). Eine besonders schwerwiegende (objektive) Sorgfaltspflichtverletzung liegt vor, wenn ein Feuer unbeaufsichtigt gelassen wird und sich daraus ein Brand entwickelt. Das Verhalten des A ist hier jedoch nicht subjektiv unentschuldbar. Die menschliche „Ablenkung" ist als Fehlverhalten entschuldbar, so dass A vollen Schadensersatz verlangen kann.

c) Abweichende Vereinbarungen

§ 81 VVG ist **nicht zwingend** und erlaubt auch abweichende Regelungen zu Lasten des Versicherungsnehmers (§ 87 VVG). Durch ausdrückliche Vereinbarung kann daher der Leistungsausschluss oder die Leistungskürzung auf einfache Fahrlässigkeit erstreckt werden, sofern der Versicherungsnehmer auf diese Rechtsfolge deutlich hingewiesen wird.[178] 118

---

[176] MüKo-VVG/*Looschelders*, § 81 Rn. 146.
[177] Nach OLG Düsseldorf NJW-RR 2000, 621.
[178] BGH NJW 2009, 1147.

Anderseits kommt es auch vor, dass der Versicherer durch entsprechende Klauseln bis zu einer bestimmten Schadenshöhe auf den Einwand der groben Fahrlässigkeit verzichtet.[179]

6. Rettungsobliegenheit

119 Der Versicherungsnehmer hat **bei Eintritt des Versicherungsfalles** nach Möglichkeit **für die Abwendung und Minderung des Schadens zu sorgen** (§ 82 I VVG). Dabei hat er im Rahmen der Zumutbarkeit nach § 82 II VVG Weisungen des Versicherers einzuholen und zu befolgen. § 82 VVG normiert mit der „Rettungspflicht" eine **gesetzliche Obliegenheit**, während § 81 VVG einen subjektiver Risikoausschluss darstellt. Die Rettungsobliegenheit aus § 82 VVG schließt an die Verhaltensanforderungen nach § 81 VVG an. Sie soll den Versicherungsnehmer anhalten, sich so zu verhalten, als wäre er nicht versichert. Er soll alle möglichen (zumutbaren) Maßnahmen zur Abwendung und Minderung des Schadens treffen.[180]

Verletzt der Versicherungsnehmer die Rettungsobliegenheit **vorsätzlich** (z.B. bewusste Missachtung der zumutbaren Schadensminderungsweisung des Versicherers nach § 82 II VVG), so ist der Versicherer leistungsfrei, § 82 III VVG. Dies gilt jedoch nur, wenn die Verletzungshandlung für die Feststellung des Versicherungsfalles oder die Feststellung und den Umfang der Leistungspflicht kausal war. Den Vorsatz hat der Versicherer voll zu beweisen, während die Beweislast für die fehlende Kausalität (Kausalitätsgegenbeweis) beim Versicherungsnehmer liegt. Die Berufung auf die fehlende Kausalität scheidet aus, wenn der Versicherungsnehmer arglistig gehandelt hat (§ 82 IV 2 VVG).

Fall – Vorsätzliche Rettungsobliegenheitsverletzung/Teilkausalität: Unternehmer A schlägt leicht fahrlässig mit seinem kaskoversicherten Sportboot auf dem Müggelsee in Berlin Leck, weil er mit einer im Wasser schwimmenden Markierungsboje kollidiert. Er unterlässt es aus Eitelkeit (vorsätzlich) nach Hilfe zu rufen bzw. ein Rettungssignal abzusetzen, so dass es zum Sinken des Bootes kommt, obwohl sich in der Nähe andere Boote befanden, die ihm hätten helfen können. Dadurch wäre das Sinken des Sportbootes verhindert worden. Sein Wassersportkaskoversicherer verweigert vollständig die Leistung. Zu Recht?

---

[179] LG Berlin BeckRS 2015, 05371.
[180] MüKo-VVG/*Looschelders*, § 82 Rn. 1.

Die Leistungsfreiheit des Versicherers könnte sich aus § 81 I VVG ergeben. Danach ist der Versicherer vollständig leistungsfrei, wenn der Versicherungsnehmer den Versicherungsfall vorsätzlich herbeiführt. Der Versicherungsfall ist durch A jedoch nur aufgrund leichter Fahrlässigkeit verursacht worden, so dass § 81 VVG insgesamt nicht eingreift. Ohnehin begann sein vorsätzliches Verhalten erst nach Eintritt des Versicherungsfalles. Daher kommt eine Verletzung der Rettungsobliegenheit nach § 82 I VVG in Betracht. Eine vorsätzliche Verletzungshandlung liegt vor, da es A zumutbar war, nach Hilfe zu rufen bzw. ein Rettungssignal abzusetzen. Die Rechtsfolgen ergeben sich aus § 82 III VVG. Danach ist der Versicherer bei Vorsatz vollständig leistungsfrei. Eine Einschränkung könnte sich aus dem Kausalitätserfordernis des Abs. 4 von § 82 VVG ergeben. Vollumfängliche Leistungsfreiheit kommt nur hinsichtlich der Teile in Betracht, für die sich die Obliegenheitsverletzung ursächlich ausgewirkt hat. Die Obliegenheitsverletzung (Unterlassen des Hilferufes) ist ursächlich für den Totalschaden, für den durch die Kollision eingetretenen Reparaturschaden jedoch nicht. A kann somit die Reparaturkosten von seinem Versicherer verlangen. Für arglistiges Verhalten gibt es keine Anhaltspunkte.

Bei **grob fahrlässiger** Verletzung der Rettungsobliegenheit kann der Versicherer seine Leistung in einem der Schwere des Verschuldens entsprechenden Verhältnis kürzen (§ 82 III 2 VVG). Auch hier kommt teilweise Leistungsfreiheit nur insoweit in Betracht, wie sich die Obliegenheitsverletzung ursächlich ausgewirkt hat.

Der Versicherer hat gemäß § 83 I VVG **Aufwendungen** (Rettungs- 120
kosten) des Versicherungsnehmers zu ersetzen, die dieser im Rahmen der Rettungsobliegenheit macht, auch wenn sie erfolglos bleiben. Anspruchsvoraussetzung ist jedoch, dass der Versicherungsnehmer die gemachten Aufwendungen nach den Umständen für geboten halten durfte.

Beispiel: Ein VN hat gegenüber der Vollkaskoversicherung keinen Aufwendungsersatzanspruch aus § 83 I VVG hinsichlich der Kosten einer Abschleppmaßnahme, wenn das versicherte Fahrzeug weitgehend zerstört ist und erkennbar über keinen nennenswerten Restwert mehr verfügt.[181]

Kann der Versicherer seine Leistung nach § 82 III 2 VVG wegen grob fahrlässiger Verletzung der Rettungsobliegenheit kürzen, so ist auch der Aufwendungsersatzanspruch entsprechend kürzen (§ 83 II VVG). § 83 VVG umfasst nur diejenigen Kosten, die dem Versiche-

[181] OLG Karlsruhe r+s 2016, 121.

rungsnehmer **bei Eintritt des Versicherungsfalles** entstanden sind. Kosten zur Verhinderung des Eintrittes des Versicherungsfalles werden in der Sachversicherung nach § 90 VVG erstattet. Diese Vorschrift ist auf andere Zweige der Schadensversicherung nicht entsprechend anwendbar.[182]

Fall – Wildschaden:[183] VN A befährt mit seinem Landrover die Landstrasse von Staufen nach Freiburg i. Br. mit einer Geschwindigkeit von ca. 90 km/h. Auf gerader Strecke der Landstraße kreuzt ein Hase seine Fahrbahn. A macht einen plötzlichen Fahrtrichtungswechsel, um dem Hasen auszuweichen und lenkt seinen Pkw dabei gegen einen Baum. Den Schaden am Pkw wegen seines Ausweichmanövers möchte er von seinem Kaskoversicherer erstattet haben. Zu Recht?

In der Teil- und Vollkaskoversicherung ist nach den AKB der Zusammenstoß des in Fahrt befindlichen Fahrzeuges mit Haarwild im Sinne des § 2 I Nr. 1 BJagdG (z.B. Reh, Wildschwein) versichert. A könnte somit gemäß § 1 VVG i.V.m. Ziff. A.2.2.1.4 AKB 2015 einen Anspruch auf Erstattung seines Schadens haben. A ist dem Hasen jedoch ausgewichen, so dass mangels Zusammenstoßes kein Wildschaden vorliegt. In diesem Fall könnte A die Rettungskosten nur nach § 90 VVG vom Versicherer verlangen. Danach kann A in der Sachversicherung Ersatz der Aufwendungen geltend machen, die er für geboten halten durfte, um den unmittelbar bevorstehenden Versicherungsfall zu verhindern. Das Ausweichmanöver dufte A aber nicht als geboten erachten. Der plötzliche Fahrbahnwechsel mit den damit verbundenen hohen Risiken stellt bei einem drohenden Zusammenstoß mit einem kleinen Tier keine gebotene Rettungshandlung dar. Das Verhalten des A und damit verbundene mögliche Folgen (Gefährdung anderer Verkehrsteilnehmer) steht außer Verhältnis zu den Folgen eines Zusammenstoßes mit dem Hasen. Ein Aufwendungsersatz nach § 90 VVG scheidet aus, so dass A seinen Schaden selbst tragen muss.

7. Veräußerung der versicherten Sache

121 Veräußert der Versicherungsnehmer eine Sache, so fällt regelmäßig auch das versicherte Interesse an dem Gegenstand weg. Damit würde nach § 80 II VVG der Versicherungsschutz entfallen. Die Regelung

[182] OLG Köln r+s 2015, 602.
[183] Nach BGH VersR 97, 351.

des **§ 95 I VVG** verhindert dies dadurch, dass der Erwerber in den Versicherungsvertrag eintritt, so dass dessen Interesse an der Sache versichert wird. § 95 I VVG gilt unstreitig, wenn der Versicherungsnehmer zugleich Eigentümer der veräußerten Sache ist (sog. Eigenversicherung). Streitig sind jedoch die Fälle, in denen Versicherungsnehmer und Eigentümer der Sache personenverschieden sind (sog. Fremdversicherung). Dabei sind zwei Konstellationen zu unterscheiden. Veräußert der Versicherungsnehmer Sachen eines Dritten (z.B. Sicherungseigentum), so ist § 95 I VVG seinem Wortlaut sowie seinem Sinne und Zweck nach anwendbar.[184] Veräußert hingegen der Eigentümer die versicherte Sache ohne Versicherungsnehmer zu sein, so gilt § 95 I VVG nach seinem Wortlaut nicht, da dieser auf die Verfügung durch den Versicherungsnehmer abstellt. In diesem Fall ist die Vorschrift jedoch nach h.M. analog anzuwenden.[185] Der bisherige Versicherungsnehmer bleibt dies und der Erwerber tritt als Versicherter in den Versicherungsvertrag ein.

Bei der Veräußerung der versicherten Sache haften der Veräußerer und Erwerber für die Prämie der laufenden Versicherungsperiode gemäß § 95 II VVG als **Gesamtschuldner**. Diese Haftung kann nur mit Zustimmung des Versicherers geändert werden. Soweit dies nicht geschehen ist, findet im Innenverhältnis ein Ausgleich nach § 426 BGB statt, der sich daran orientiert, wann der Wechsel des Eigentums in der Versicherungsperiode stattgefunden hat.

Neben der Fortführung des Versicherungsvertrages bei Veräußerung der versicherten Sache können Versicherer und Erwerber gemäß § 96 VVG das Versicherungsverhältnis **kündigen**. Das Kündigungsrecht erlischt einen Monat nach Kenntnis der Veräußerung bzw. des Bestehens einer Versicherung für die veräußerte Sache, § 96 I 2 VVG. Im Falle der Kündigung ist der Veräußerer gemäß § 96 III VVG zur alleinigen Zahlung der Prämie verpflichtet.

Die Veräußerung ist dem Versicherer nach § 97 I 1 VVG vom Veräußerer oder Erwerber unverzüglich anzuzeigen. Bei dieser **Anzeigepflicht** handelt es sich um eine gesetzliche Obliegenheit. Der Versicherer wird bei einer Verletzung durch den Versicherungsnehmer leistungsfrei, wenn sich der Versicherungsfall nach Ablauf eines Monats ereignet und der Versicherer den mit dem Veräußerer bestehenden Vertrag mit dem Erwerber nicht geschlossen hätte. Im Gegensatz zu den vertraglichen Obliegenheiten (§ 28 VVG) tritt die Rechtsfolge aber unabhängig vom Grad des Verschuldens und der Kausalität ein. Diese Schärfe des § 97 I 2 VVG ist nicht unproblematisch. Im Schrifttum

---

[184] Prölss/Martin/*Armbrüster*, § 95 Rn. 23.

[185] MüKo-VVG/*Reusch*, § 95 Rn. 220, 222.

wird die Vorschrift daher teilweise restriktiv interpretiert, so dass der Versicherer nur leistungsfrei wird, wenn diese Rechtsfolge nicht außer Verhältnis zur Schwere des Verstoßes des Versicherungsnehmers steht (§ 242 BGB).[186]

8. Regress bei der Schadensversicherung, § 86 VVG

122 Nach § 86 I VVG geht ein Anspruch des Versicherungsnehmers gegen einen Dritten auf den Versicherer über, soweit der Versicherer den Schaden des Versicherungsnehmers ersetzt. Ausgangspunkt der Regelung ist der Umstand, dass der Geschädigte als Versicherungsnehmer einer Schadensversicherung sowohl gegen den Schädiger (Dritten) als auch gegen den Versicherer einen Ersatzanspruch hat. Es handelt sich um einen **gesetzlichen Forderungsübergang** i.S.v. § 412 BGB.

Beispiel: D fährt mit seinem Fahrzeug schuldhaft auf das Fahrzeug des VN A auf. VN A ist beim VR X vollkaskoversichert. Zahlt der VR X den Schaden voll, so gehen gemäß § 86 I VVG die Schadensersatzansprüche des A gegen D aus §§ 823 I, II BGB sowie §§ 7, 18 StVG auf den VR X über.

Durch die Regresslösung des § 86 VVG soll verhindert werden, dass der Versicherungsnehmer im Versicherungsfall einen doppelten Anspruch gegen den Versicherer und Schädiger erhält (sog. Bereicherungsverbot).Es handelt sich um die versicherungsrechtliche Ausprägung des Prinzips der Vorteilsausgleichung.[187] Weiterhin ermöglicht die Legalzession dem Versicherer einen Regress gegen den Schädiger, so dass dieser im Ergebnis den Schaden allein tragen muss. § 86 VVG gilt nur für die Schadensversicherung (h.M.).[188]

a) Voraussetzungen des Forderungsübergangs

123 Voraussetzung für den Übergang ist ein bestehender Versicherungsvertrag und die tatsächliche Erbringung der Versicherungsleistung durch den Versicherer.[189] Übergangsfähig sind alle Ansprüche des Versicherungsnehmers, die den Schaden, für den der Versicherer geleistet hat, ausgleichen können.[190] Ersatzanspruch und Versicherungsanspruch müssen kongruent sein (**Kongruenzprinzip**), d.h. der Ersatzanspruch muss mit der Versicherungsleistung in Zusammenhang stehen. Für den Übergang kommen damit alle Forderungen des Versi-

---

[186] MüKo-VVG/*Reusch*, § 97 Rn. 46; zurückhaltender Prölss/Martin/*Armbrüster*, § 97 Rn. 7.

[187] VersRHdb/*Hormuth*, § 22 Rn. 2.

[188] Hk-VVG/*Muschner*, § 86 Rn. 2 ff. m.w.N.

[189] Prölss/Martin/*Armbrüster*, § 86 Rn. 32.

[190] Hk-VVG/*Muschner*, § 86 Rn. 11.

cherungsnehmers gegen Dritte auf Ersatz des eingetretenen Schadens in Betracht, gleichgültig ob diese auf Vertrag oder Gesetz beruhen. Bereicherungs-, Ausgleichs-, Freistellungs-, Erfüllungs-, Abtretungs- und Gewährleistungsansprüche unterfallen somit ebenfalls § 86 I 1 VVG wie Kostenerstattungsansprüche, auch wenn es sich bei diesen Ansprüchen nicht um Schadenersatzansprüche handelt.[191] Der Ausgleichsanspruch aus § 906 II 2 BGB wird ebenfalls erfasst,[192] obwohl dieser Anspruch verschuldensunabhängig ist. Nicht übergangsfähig ist dagegen der Anspruch des Eigentümers aus § 985 BGB.[193] Voraussetzung für einen gesetzlichen Forderungsübergang nach § 86 I 1 VVG ist jedoch immer, dass die Forderung noch in der Person des Versicherungsnehmers besteht.

Beispiel: Hat der VN mit dem Dritten vereinbart, dass der Anspruch nicht abtretbar sein soll (§ 399 BGB), so hindert dies nach § 412 BGB auch den Übergang gemäß § 86 I 1 VVG.

Der Übergang des Anspruchs kann nach § 86 I 2 VVG nicht zum Nachteil des Versicherungsnehmers geltend gemacht werden. Diese Norm statuiert ein **Befriedigungs- und Quotenvorrecht** des Versicherungsnehmers. Das Befriedigungsvorrecht gewährt dem Versicherungsnehmer den Vorrang vor den übergegangenen Ansprüchen des Versicherers, wenn der Schädiger wirtschaftlich nicht in der Lage ist, beide Ansprüche zu befriedigen.[194] **124**

Beispiel: VN A hat beim VR X eine Fahrzeugkaskoversicherung mit einem Selbstbehalt von 500 Euro abgeschlossen. D fährt mit seinem Fahrzeug schuldhaft auf den Pkw des A auf, wobei ein Schaden von 8.500 Euro entsteht. Das Vermögen des D beträgt nach Feststellung in der Zwangsvollstreckung nur 500 Euro. Obwohl der Anspruch gegen D in Höhe von 8.000 Euro auf VR X übergeht (§ 86 I 1 VVG i.V.m. § 823 I BGB, § 7 StVG), ist zunächst der VN A mit seinem Teilbetrag in Höhe von 500 Euro vorrangig zu befriedigen.

Der Grundsatz des Quotenvorrechts bedeutet, dass sich der Versicherungsnehmer von seinem Ersatzanspruch gegen den Schädiger bis zu seinem vollen Neuwertschaden befriedigen kann und nur der verbleibende Teil auf den Versicherer übergeht.[195]

Beispiel: VN A hat beim VR X eine Fahrzeugkaskoversicherung mit einem Selbstbehalt von 1.000 Euro abgeschlossen. D stößt mit seinem Fahrzeug schuldhaft mit dem Pkw des A zusammen, wobei ein Schaden von 2.000 Euro

---

191 MüKo-VVG/*Möller/Segger*, § 86 Rn. 55.
192 OLG Düsseldorf VersR 2003, 455.
193 MüKo-VVG/*Möller/Segger*, § 86 Rn. 70.
194 MüKo-VVG/*Möller/Segger*, § 86 Rn. 162 f.
195 Hk-VVG/*Muschner*, § 86 Rn. 23.

am Pkw von A entsteht. A trifft jedoch ein Mitverschulden von 50%. A hat gegen D einen Haftpflichtanspruch in Höhe von 1.000 Euro. Dieser geht nach Zahlung von 1.000 Euro durch VR X an A jedoch nicht auf den Versicherer über, da A ein Quotenvorrecht hat. Aufgrund des vereinbarten Selbstbehaltes von 1000 Euro hat A ja noch einen Schaden von 1.000 Euro. Deshalb braucht VN A seinen Anspruch gegen D zum Schadensausgleich.

b) Mitwirkungsobliegenheit gemäß § 86 II VVG

125 Den Versicherungsnehmer trifft nach § 86 II VVG die gesetzliche Obliegenheit, seinen Ersatzanspruch oder ein zur Sicherung dieses Anspruchs dienendes Recht unter Beachtung der Form- und Fristvorschriften zu wahren und bei dessen Durchsetzung durch den Versicherer soweit erforderlich mitzuwirken. Den Versicherungsnehmer trifft damit ein **Aufgabeverbot** bezüglich seines Ersatzanspruches gegen den schädigenden Dritten. Ferner hat er diesen Anspruch für den Versicherer zu sichern, sog. Sicherungsobliegenheit.

c) Familienprivileg gemäß § 86 III VVG

126 Ein Anspruchsübergang auf den Versicherer nach Zahlung an den Versicherungsnehmer scheidet gemäß § 86 III VVG aus, wenn sich der Ersatzanspruch des Versicherungsnehmers gegen eine Person der häuslichen Gemeinschaft richtet. Mit diesem Privileg soll der Versicherungsnehmer vor mittelbaren Belastungen geschützt werden, die sich aus dem Regress ergeben und die Erhaltung des Gemeinschaftsfriedens stören könnten.[196] Der Versicherer soll bspw. nicht gegen den fahrlässig handelnden Ehemann (Schädiger) vorgehen, da dies auch die Ehefrau als Versicherungsnehmerin mittelbar finanziell belastet. Eine häusliche Gemeinschaft besteht bei einer auf Dauer angelegten gemeinsamen Wirtschaftsführung.[197] Familienzugehörigkeit ist nicht erforderlich.

Fall – Mieterregress:[198] Mieter M verursacht leicht fahrlässig einen Brand in seiner Mietwohnung, wodurch das gesamte Gebäude, welches im Eigentum des Vermieters V steht, stark beschädigt wird. V ist beim VR X versichert (Gebäudeversicherung). M hat beim VR Z eine Allgemeine Haftpflichtversicherung abgeschlossen. Wie ist die Rechtslage?

---

[196] MüKo-VVG/*Möller/Segger*, § 86 Rn. 179.

[197] Prölss/Martin/*Armbrüster*, § 86 Rn. 91.

[198] Vgl. vertiefend hierzu MüKo-VVG/*Möller/Segger*, § 86 Rn. 206 ff und Hk-VVG/*Muschner*, § 86 Rn. 75 ff.

1. V hat gegen M aufgrund der fahrlässiger Brandstiftung sowohl einen vertraglichen Anspruch wegen Verletzung einer Nebenpflicht gemäß §§ 280 I, 241 II BGB als auch einen deliktischen Anspruch aus § 823 I, II BGB. Aus Wertungsgesichtspunkten ist der Vermieter jedoch verpflichtet, Schadenersatz vom Versicherer zu verlangen, so dass die Inanspruchnahme des Mieters eine Verletzung des Mietvertrages darstellen würde.[199] Wäre M Eigentümer des Gebäudes so würde er bei leichter Fahrlässigkeit seinen Schaden komplett vom Gebäudeversicherer ersetzt bekommen. Der Mieter kann dem Anspruch des Vermieters daher grundsätzlich die dolo-agit-Einrede aus § 242 BGB entgegenhalten. Die direkte Inanspruchnahme des Mieters ist lediglich dann zulässig, wenn ein besonderes Interesse des Vermieters besteht.

2. V hat gegen seine Gebäudeversicherer X einen Anspruch aus § 1 S. 1 VVG i.V.m. den AVB. Der Anspruch des V ist auch nicht nach § 81 VVG ausgeschlossen oder zu kürzen. Zum einen ist M als Mieter ohne besondere Pflichtenstellung nicht Repräsentant des V, so dass das Verhalten des M dem V nicht zugerechnet werden kann. Weiterhin führt leichte Fahrlässigkeit nach § 81 VVG nicht zur Anspruchskürzung.

3. VR X hat nach Zahlung des Schadensersatzes an V jedoch keinen Regressanspruch gegen M aus § 86 I VVG, §§ 280 I, 823 BGB. Der Mieter soll nämlich vom Versicherer nicht gemäß § 86 I 1 VVG in Regress genommen werden, wenn er leicht fahrlässig einen Schaden verursacht hat. Im Ergebnis würde sonst der Mieter gegenüber dem VR X schärfer haften als der Vermieter/VN selbst, denn dieser verliert seinen Anspruch gem. § 81 VVG nur bei Vorsatz. Zur Korrektur des unbilligen Ergebnisses bieten sich zwei Wege an: Eine haftungs- und eine versicherungsrechtliche Lösung. Bei der haftungsrechtlichen Lösung würde es schon an einem übergangsfähigen Anspruch fehlen, da der Mieter gegenüber dem Vermieter nur bei Vorsatz und grober Fahrlässigkeit haften würde. Die haftungsrechtliche Lösung wird damit begründet, dass der Vermieter die Kosten für die Gebäudeversicherung auf den Mieter als Nebenkosten umgelegt hat. Der Mieter müsse dafür eine Gegenleistung erhalten, die darin bestehe, dass seine Haftung auf Vorsatz und grobe Fahrlässigkeit beschränkt sei. Gegen diese Lösung spricht aber, dass der Schutz des Mieters nicht davon abhängen könne, ob er die Kosten für die Versicherung trage. Der BGH wählt daher aktuell eine versicherungsrechtliche Lösung. Danach ist der Gebäu-

[199] BGH VersR 2005, 498, 499.

deversicherungsvertrag dahingehend ergänzend auszulegen, dass der Versicherer konkludent auf den Regress verzichtet.

4. Dem Gebäudeversicherer X, dem der Regress gegen M verwehrt ist, steht gegen den Haftpflichtversicherer Z des M in analoger Anwendung der Grundsätze der Doppelversicherung nach § 78 II 1 VVG ein Anspruch auf anteiligen Ausgleich zu.[200]

Grundsätze der Regresslösung nach § 86 VVG:

- geregelt für die Schadensversicherung in § 86 VVG, § 412 BGB
- *Normzweck:* keine Vorteilsanrechnung zugunsten des Schädigers, d.h. Anspruch des Versicherungsnehmers gegen den Dritten bleibt bestehen, und keine Bereicherung des Versicherungsnehmers
- *Übergangsfähige Ansprüche:* alle privaten Schadensersatzansprüche, aber auch Gewährleistungsansprüche und Ansprüche aus Aufopferung, soweit diese zur Ersatzleistung des Versicherers kongruent sind
- *Begrenzung des Anspruchsüberganges:* durch Befriedigungs- und Quotenvorrecht des Versicherungsnehmers
- *Regressausschluss*: aufgrund des Familienprivilegs nach § 86 III VVG oder bei vertraglichem Regressverzicht (klausurrelevant bei Mieterregress durch ergänzende Vertragsauslegung)
- *Mitwirkungsobliegenheit des VN zur Sicherung des Regresses:* bei Vorsatz durch VN Leistungsfreiheit des VR, bei grober Fahrlässigkeit Leistungskürzung entsprechend Schwere des Verschuldens

Übersicht 18: *Grundsätze Regress nach § 86 VVG*

[200] BGH NJW 2006, 3707, 3710 f.; BGH NJW-RR 2010, 691.

Kapitel 4. Haftpflichtversicherungsrecht

A. Systematische Einordnung

Die Haftpflichtversicherung gehört zu den **Schadensversicherungen**. Sie soll den Versicherungsnehmer vor Vermögenseinbußen schützen, die dadurch entstehen, dass ihn ein Dritter – zu Recht oder zu Unrecht – auf Schadensersatz in Anspruch nimmt (sog. Passivenversicherung). Es handelt sich also um eigene Vermögensvorsorge. Denn der Grad zwischen schuldloser und leicht fahrlässiger Verletzung fremder Rechtsgüter ist schmal, die finanziellen Folgen können hingegen verheerend sein. 127

Aus dieser Systematik ergibt sich ein **Dreiecksverhältnis**, wobei zwischen dem Dritten und dem Haftpflichtversicherer grundsätzlich keine unmittelbare Rechtsbeziehung besteht. 128

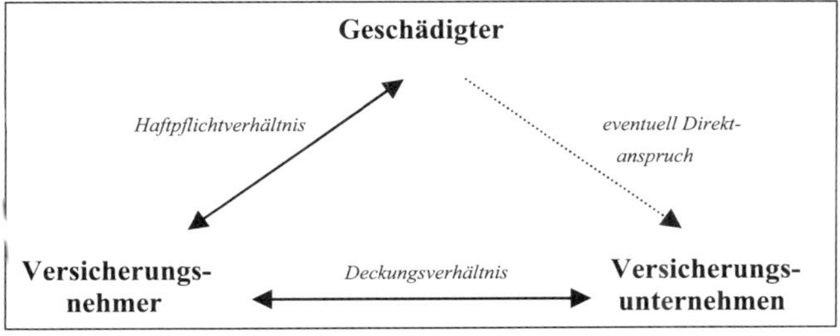

Übersicht 19: *Dreiecksverhältnis in der Haftpflichtversicherung*

Die Haftpflichtversicherung stellt häufig nicht nur eine Eigenversicherung des Versicherungsnehmers, sondern zugleich eine Versicherung für fremde Rechnung dar (Ziff. 27 AHB).[201] Dies gilt bspw. für die Erstreckung auf vertretungsberechtigte Personen und Angestellte bei der Betriebshaftpflichtversicherung (§ 102 I VVG). 129

[201] Vgl. allgemein hierzu Rn. 73.

B. Praktische Bedeutung

130 Die Haftpflichtversicherung gehört zu den wichtigsten Versicherungszweigen. Das versicherte Risiko bezieht sich auf unterschiedliche Rechtsverhältnisse oder Tätigkeiten des Versicherungsnehmers, die den jeweiligen Schutzbereich des Versicherungsvertrages ausmachen („Spezialität der versicherten Gefahr“[202]). Bedeutsam sind v.a. Versicherungen zur Privathaftpflicht, Betriebshaftpflicht (zum Versicherungsumfang: § 102 VVG), Grundstückseigentümerhaftpflicht, Tierhalterhaftpflicht und Umwelthaftpflicht.

131 Haftpflichtversicherungen können als gesetzliche **Pflichtversicherungen** ausgestaltet sein (vgl. § 113 I VVG). Beide Begriffe muss man auseinander halten. In diesen Fällen besteht ein gesteigertes öffentliches Interesse daran, dem Geschädigten einen solventen Schuldner zu verschaffen. Insoweit wird die Vertragsfreiheit beschränkt. Wichtigster Bereich ist die Kfz-Haftpflichtversicherung (§ 1 PflVG). Hier unterliegen auch die Versicherungsunternehmen einem Kontrahierungszwang (§ 5 II PflVG). Außerdem ist die Berufshaftpflichtversicherung zu nennen, deren Abschluss für Rechtsanwälte (§ 51 BRAO), Notare (§ 19a BNotO), Wirtschaftsprüfer (§ 54 WPO) und Steuerberater (§ 51 DVStB) gesetzlich vorgeschrieben ist.[203]

131a Die Haftpflichtversicherung kann mit einer **Forderungsausfallversicherung** kombiniert sein. Sie betrifft eigene rechtskräftig feststehende Haftpflichtansprüche des Versicherungsnehmers, die nicht durchgesetzt werden können, weil Zahlungs- oder Leistungsunfähigkeit des schadenersatzpflichtigen Dritten eingetreten ist. Der Versicherer ist in dem Umfang leistungspflichtig, in dem der schadenersatzpflichtige Dritte Versicherungsschutz im Rahmen der Privat-Haftpflichtversicherung des Versicherungsnehmers hätte. Etwaige Risikoausschlüsse gelten also auch hier. Weitere Leistungsvoraussetzung ist, dass die Ansprüche gegen den schadenersatzpflichtigen Dritten in Höhe der Versicherungsleistung an den Versicherer abgetreten werden und die vollstreckbare Ausfertigung des Urteils ausgehändigt wird.

C. Rechtsquellen

132 Die gesetzliche Regelung ist in den **§§ 100–124 VVG** erfolgt, also im Ersten Kapitel über die einzelnen Versicherungszweige. Innerhalb

---

[202] Hk-VVG/*Schimikowski*, AHB § 3 Rn. 1 f.

[203] Vgl. zu weiteren gesetzlichen Pflichtversicherungen MüKo-VVG/*Brand*, Vor §§ 113–124 Rn. 19 ff.

dieser Normen findet sich ein eigener Abschnitt über Pflichtversicherungen (§§ 113–124 VVG). Die allgemeinen Vorschriften über die Schadensversicherung (§§ 74–87 VVG) sind nur teilweise bedeutsam. Das gilt bspw. für §§ 78 f., 82 f. VVG.[204]

In der Praxis werden diese Vorschriften durch die **Allgemeinen Versicherungsbedingungen für die Haftpflichtversicherung (AHB)** sowie durch besondere Bedingungen und Zusatzregelungen ergänzt und überlagert.[205] Hiervon erfasst sind insbesondere die Definition des Versicherungsfalls und der Risikoausschlüsse sowie der Obliegenheiten. Von den gesetzlichen Regelungen über die Anzeigepflicht des Versicherungsnehmers (§ 104 VVG) und die Fälligkeit der Versicherungsleistung (§ 106 VVG) darf dabei nicht zulasten des Versicherungsnehmers abgewichen werden (§ 112 VVG). 133

D. Dogmatische Grundlagen

I. Trennungsprinzip und Bindungswirkung

Elementare Grundlage der Haftpflichtversicherung – und bei der Falllösung stets zu beachten – ist das Trennungsprinzip. Es beschreibt die **Unterscheidung von Haftung und Deckung**. Auf der einen Seite steht die Haftpflicht des Versicherungsnehmers gegenüber dem Geschädigten. Die Eintrittspflicht des Versicherers gegenüber dem Versicherungsnehmer (Deckungspflicht) steht auf der anderen Seite. Beide Aspekte sind im Streitfall grundsätzlich in verschiedenen Prozessen zu klären.[206] Damit soll gesichert werden, dass der vertraglich zu gewährende Versicherungsschutz ungekürzt erbracht wird.[207] 134

Dieses Prinzip erfährt aber eine wichtige Durchbrechung: Die im Haftpflichtprozess zwischen dem Geschädigten und dem Versicherungsnehmer getroffenen Feststellungen zur Schadensersatzpflicht entfalten **Bindungswirkung** für eine eventuell nachfolgende Inanspruchnahme des Versicherers durch den Versicherungsnehmer, den sog. Deckungsprozess. 135

Beispiel: Im Haftpflichtprozess wird der VN zu Schadensersatz verurteilt, wobei das Gericht eine fahrlässig begangene Körperverletzung annimmt. Im Deckungsprozess kann sich der Versicherer nicht mehr auf den Ausschluss der Leistungspflicht wegen vorsätzlicher Herbeiführung des Versicherungsfalles (§ 103 VVG) berufen.

---

[204] Hk-VVG/*Schimikowski*, vor §§ 100–124 Rn. 2 ff.

[205] Vgl. allgemein zu den AVB Rn. 16 ff.

[206] BGH NJW 2006, 289, 290 f.; OLG Köln r+s 1996, 222.

[207] BGH NJW 1992, 1509, 1510.

Auf diese Weise soll verhindert werden, dass die Grundlagen der Entscheidung sowie die Entscheidung selbst, die im Haftpflichtprozess getroffen worden ist, nochmals zwischen Versicherungsnehmer und Versicherer in Frage gestellt werden können. Diese Folge ist nicht gesetzlich normiert. In ständiger Rechtsprechung wird sie dem Leistungsversprechen des Versicherers im Wege der Auslegung entnommen.[208] Es geht also um eine **materielle Bindung**, die von der prozessualen Rechtskraft (§§ 322, 325 ZPO) zu unterscheiden ist. Daher kann auch von einem im Haftpflichtprozess geschlossenen gerichtlichen Vergleich (§ 794 I Nr. 1 ZPO) Bindungswirkung ausgehen.[209]

136 Die Bindungswirkung entfaltet sich nur im Rahmen der sog. **Voraussetzungsidentität**. Die im Deckungsprozess maßgebliche Frage muss demnach im Haftpflichtprozess – bei objektiv zutreffender rechtlicher Würdigung – entscheidungserheblich gewesen sein. Daher ist der „überschießende" Inhalt der Entscheidungsgründe nicht bindend.

Beispiel: Im Haftpflichtprozess genügt für einen Anspruch aus § 823 I BGB die Feststellung einfacher Fahrlässigkeit. Ausführungen zu einem höheren Verschuldensgrad sind nicht entscheidungserheblich und daher gegenüber dem Versicherer auch nicht bindend.[210]

137 Im Übrigen besteht eine Bindung an den zugrunde gelegten **Haftungstatbestand**, so dass das Gericht des Deckungsprozesses bezüglicher der Haftung des Versicherungsnehmers keine andere Anspruchsgrundlage (z.B. Erfüllung statt Schadensersatz) heranziehen darf.[211]

138 Die geschilderte Bindungswirkung eröffnet ein **Missbrauchsrisiko** durch kollusives Zusammenwirken von (vermeintlichem) Schädiger und Versicherungsnehmer. Dem kann der Versicherer durch Nebenintervention (§§ 66 ff. ZPO) im Haftpflichtprozess begegnen.[212] Anderenfalls kann er im Deckungsprozess gegenüber der Bindungswirkung den Einwand der Kollusion erheben.[213]

139 Das Trennungsprinzip spielt in negativer Hinsicht auch bei der **Anspruchsbegründung im Haftungsverhältnis** eine Rolle. Die Haftung kann nicht deshalb bejaht werden, *weil* der Schädiger – freiwillig oder durch gesetzlichen Zwang – haftpflichtversichert ist. Die Versicherung folgt der Haftung, nicht umgekehrt.

---

[208] BGHZ 119, 267; BGH NJW 1992, 1509, 1510.

[209] OLG Düsseldorf NVersZ 2002, 369.

[210] BGH NJW-RR 2004, 676

[211] BGH NJW 2006, 289, 291, BGH NJW 2015, 947.

[212] Hk-VVG/*Schimikowski*, vor §§ 100–124 Rn. 17; vgl. als Fallbeispiel OLG Schleswig NJW-RR 2000, 356 = JuS 2000, 608 (*K. Schmidt*).

[213] OLG Frankfurt NJW-RR 2014, 1376.

Beispiel: Für die Frage, ob ein Fußballspieler wegen Verletzung eines Gegners im Spiel aus § 823 I BGB haftet, hat das Bestehen einer Haftpflichtversicherung keine anspruchsbegründende Funktion.[214]

Dieses Prinzip wird in der Rechtsprechung aber nicht klar durchgehalten. Konkludent vereinbarte Haftungserleichterungen sind in Gefälligkeitsverhältnissen[215] und bei Sportwettbewerben[216] bisweilen unter Verweis auf eintrittspflichtige Versicherungen verneint worden. Dort hatte das Bestehen einer Haftpflichtversicherung also anspruchserhaltende Funktion. Ebenso kann sie auf der Rechtsfolgenseite bei der Bemessung von Schmerzensgeld (§ 253 BGB) Berücksichtigung finden.[217]

II. Direktanspruch

Weiteres tragendes Prinzip der deutschen Haftpflichtversicherung ist der **fehlende Direktanspruch des Geschädigten** gegen den Versicherer.[218] Der Haftpflichtversicherungsvertrag ist also kein Vertrag zugunsten Dritter i.S.v. § 328 I BGB. 140

Zur Erleichterung der Anspruchsdurchsetzung lässt **§ 115 I VVG** jedoch Ausnahmen zu, die man als gesetzlichen Schuldbeitritt begreifen kann.[219] Das betrifft zum einen die Pflichtversicherung nach § 1 PflVG, also die Kfz-Haftpflicht. Für den Direktanspruch enthält § 3a PflVG ergänzende Regelungen. Er hat immense praktische Bedeutung. Im Verkehrsunfallprozess wird nahezu immer der Haftpflichtversicherer verklagt, daneben ggf. Halter und Fahrer als Gesamtschuldner (§ 115 I 4 VVG).[220]

Darüber hinaus besteht ein Direktanspruch insbesondere bei Insolvenz des Versicherungsnehmers bzw. Ablehnung des Insolvenzverfahrens mangels Masse (§ 115 I 1 Nr. 2 VVG). Dies rechtfertigt der Gesetzgeber mit Verbraucherschutzgesichtspunkten.[221]

Die direkte Inanspruchnahme des Versicherers stellt einen **delikts- 141
rechtlichen Schadensersatzanspruch sui generis** dar, der auf Geldzahlung gerichtet ist (§ 115 I 3 VVG). Sein Umfang richtet sich nach

[214] BGH NJW 2010, 537 m.Anm. *Jäckel*, NJ 2010, 119.
[215] BGH NJW 1992, 2474, 2475 (im Rahmen von § 833 BGB).
[216] BGH NJW 2008, 1591 (Motorsport); als Aktenvortrag bei *Jäckel*, JuS 2008, 1101.
[217] BGHZ 18, 149.
[218] Vgl. zur Kritik hieran Hk-VVG/*Schimikowski*, § 115 Rn. 8.
[219] MüKo-VVG/*Schneider*, § 115 Rn. 12.
[220] Vgl. zu den prozessualen Besonderheiten Rn. 225 ff.
[221] BT-Drucks. 16/5862, S. 99.

dem Versicherungsverhältnis (§ 115 I 2 VVG), wobei dem Geschädigten ein vertraglicher Selbstbehalt ebenso wenig entgegengehalten werden kann (§ 114 II 2 VVG) wie ein Prämienrückstand (§§ 121, 35 VVG). Allerdings scheidet ein Direktanspruch aus, wenn der Versicherungsnehmer den Versicherungsfall vorsätzlich und widerrechtlich herbeigeführt hat (§§ 117 III 1, 103 VVG).[222] Der Geschädigte hat in diesem Fall einen zusätzlichen Anspruch gegen den Entschädigungsfonds für Schäden aus Kraftfahrzeugunfällen (§ 12 I 1 Nr. 3 PflVG).

142 Die **Haftungsverteilung im Innenverhältnis** regelt § 116 VVG abweichend von § 426 BGB. Bei ungestörtem Versicherungsverhältnis ist dem Versicherer demnach kein Rückgriff möglich, andernfalls würde die Haftpflichtversicherung ihren Sinn verfehlen. Wenn der Versicherer im Innenverhältnis leistungsfrei ist, dem Dritten gegenüber aber verpflichtet bleibt (§ 117 I VVG), kommt ein Rückgriff in Betracht. Das gilt z.B. bei Verzug mit der Erst- oder Folgeprämie (§§ 37 II, 38 II VVG). Dann bilden §§ 116 I 2, 117 V 1 VVG eine eigene Anspruchsgrundlage.

142a Außerhalb der Fälle des Direktanspruchs ist eine **Feststellungsklage** des Geschädigten gegen den Haftpflichversicherer – gerichtet auf Festellung einer bedingungsgemäßen Freistellungsverpflichtung – nur in seltenen Konstellationen zulässig. Das erforderliche rechtliche Interesse (§ 256 I ZPO) ist allenfalls bei Gefahr des Verlustes des Deckungsanspruchs gegeben, insbesondere infolge Untätigkeit des Versicherungsnehmers.[223]

E. Anspruchsvoraussetzungen

I. Inhalt, Umfang und Fälligkeit des Anspruchs

143 Gem. § 100 VVG begründet der Vertrag als Hauptleistungspflicht einen **Freistellungs- und Abwehranspruch**, also grundsätzlich keinen Zahlungsanspruch. Es handelt sich um zwei Komponenten eines einheitlichen Deckungsanspruchs.[224] Nach dieser Konzeption soll der Versicherer aufgrund eigener Beurteilung entscheiden, ob er den Versicherungsnehmer von begründeten Ansprüchen freistellt oder gegen unbegründete Forderungen Abwehrdeckung gewährt. Wenn der Versicherungsnehmer einen berechtigten Ersatzanspruch des Geschädigten

---

[222] OLG Nürnberg r+s 2015, 542; OLG Koblenz ZfS 2003, 68.
[223] BGH NJW-RR 2001, 316; OLG Naumburg NJW-RR 2014, 347.
[224] BGH NJW 1965, 755, 758.

(i.d.R. durch Zahlung) befriedigt hat, kann er vom Versicherer jedoch Ersatz der erbrachten Leistung verlangen (§ 106 S. 2 VVG).

1. Freistellungsanspruch

144 Der Freistellungsanspruch ist auf **Befreiung** von der auf dem Versicherungsnehmer lastenden Haftpflichtschuld, mithin auf Vermögensentlastung gerichtet. Er ist einzig gegenüber dem Versicherungsnehmer zu erfüllen, während im Haftpflichtverhältnis eine Leistungsbewirkung i.S.v. § 267 I BGB erfolgt.[225] Auf diese Weise ist der geschädigte Dritte vor dem Zugriff anderer Gläubiger des Versicherungsnehmers geschützt (vgl. auch § 108 I VVG). Als berechtigt gelten die Ansprüche des Dritten dann, wenn der Versicherungsnehmer aufgrund Gesetzes, rechtskräftigen Urteils, Anerkenntnisses oder Vergleichs verpflichtet ist (Ziff. 5.1 AHB). Der Freistellungsanspruch ist binnen zwei Wochen nach verbindlicher Feststellung der Haftpflicht zu erfüllen (§ 106 S. 1 VVG, Ziff. 5.1 AHB).

Ihrem Umfang nach ist die an den Dritten zu erbringende Entschädigungszahlung auf die vertraglich **vereinbarte Versicherungssumme** beschränkt (Ziff. 6.1 AHB). Der Versicherungsnehmer kann aufgrund des Vertrages verpflichtet sein, sich mit einem festgelegten Betrag an der Schadensersatzleistung zu beteiligen (Selbstbehalt, Ziff. 6.4 AHB).

145 Er ist im Übrigen nicht gehindert, den Freistellungsanspruch an den geschädigten Dritten **abzutreten** (§ 108 II VVG, Ziff. 28 AHB). Das Trennungsprinzip gilt insofern nicht und steht der Abtretung auch nicht entgegen.[226] Durch sie wandelt sich der Anspruch in der Person des Dritten zu einem Zahlungsanspruch um („Direktanspruch durch die Hintertür“). Wird dieser (aus abgetretenem Recht) klageweise geltend gemacht, verschwimmen Deckungs- und Haftungsprozess zum Teil miteinander.[227] Dem Versicherer bleiben die Einwendungen aus dem Deckungsverhältnis erhalten (§ 404 BGB).

2. Abwehranspruch

146 Die **Abwehr unbegründeter Ansprüche** ist insbesondere auf das Führen des Haftpflichtprozesses im Namen des Versicherungsnehmers sowie auf Kosten und Verantwortung des Versicherers (§ 101 I VVG, Ziff. 5.2 AHB), einschließlich der Auswahl und Beauftragung eines

---

225 BGH NJW 1991, 919, 920.
226 BGH BeckRS 2016, 08080.
227 Hk-VVG/*Schimikowski*, § 108 Rn. 11.

Rechtsanwalts (Ziff. 25.5 AHB) gerichtet.[228] Das ist kein Fall der Prozessstandschaft – der Versicherungsnehmer bleibt Beklagter und somit selbst Partei –, sondern der organisatorischen Steuerung im Innenverhältnis.[229] Die zur Abwehr aufgewendeten Kosten müssen objektiv geboten sein.[230] Der Abwehranspruch des Versicherungsnehmers wird fällig, sobald der Dritte ihm gegenüber Ansprüche geltend macht.

147 Für die Frage, **ob die Entschädigungsansprüche des Dritten,** die in den Schutzbereich des Versicherungsvertrages fallen würden, **unbegründet erscheinen**, ist auf die Angaben und Behauptungen des Dritten abzustellen.[231] Eine ausführliche Tatsachen- und Rechtsprüfung findet auf der Ebene des Deckungsverhältnisses nicht statt (Trennungsprinzip), wenn nicht eine rechtskräftige Entscheidung im Haftpflichtprozess vorausgegangen ist (Bindungswirkung). Wohl aber ist summarisch zu prüfen ob es erforderlich ist, die mit der Begründung des Dritten erhobenen Ansprüche abzuwehren.[232]

Darüber hinaus umfasst der Abwehranspruch die Kosten der Verteidigung in einem Strafverfahren, das wegen der Tat des Versicherungsnehmers eingeleitet worden ist (§ 101 1 2 VVG, Ziff. 5.3 AHB).

II. Erhebung von Ansprüchen durch einen Dritten

148 Anspruchsteller des Ersatzanspruchs muss eine Person sein, die **nicht Partei des Versicherungsvertrages** ist. Selbstschädigungen des Versicherungsnehmers sind daher nicht erfasst. Hat der Versicherungsnehmer gemeinschaftliches Eigentum beschädigt, so ist ein (anderer) Miteigentümer – allerdings nur im Umfang seiner Miteigentumsquote – Dritter in diesem Sinne.[233] Weitere Ausschlüsse hinsichtlich der Person des Dritten finden sich in Ziff. 7.4. und 7.5 AHB.

149 Geschädigte Dritte können **mehrere Personen** sein. Wenn deren Ansprüche aus dem gleichen Versicherungsfall die Versicherungssumme übersteigen, sieht § 109 S. 1 VVG eine quotierte Befriedigung nach der Höhe der Entschädigungsforderungen vor. Es gilt also nicht das Prioritätsprinzip, sondern das der Gleichrangigkeit.

150 Unter der Erhebung des Anspruchs versteht man **jede ernstliche Erklärung** des Dritten gegenüber dem Versicherungsnehmer, aus der

---

[228] BGHZ 171, 56.
[229] MAH-VersR/*Kummer*, § 12 Rn. 174.
[230] Hk-VVG/*Schimikowski*, § 101 Rn. 2.
[231] KG NVersZ 2000, 98, 99; OLG Hamm r+s 1990, 267.
[232] OLG Koblenz VersR 1979, 830.
[233] OLG Koblenz r+s 1993, 411.

sich ergibt, dass der Dritte Forderungen innezuhaben glaubt und diese – ggf. auch nur vorsorglich oder unter Vorbehalt – verfolgen wird.[234] Dies kann bspw. in der Zustellung einer Streitverkündungsschriftsatzes liegen (§ 73 ZPO).[235]

III. Versicherungsfall

Das Gesetz verzichtet in § 100 VVG auf eine klare Definition des Versicherungsfalles. Es spricht nur von der Geltendmachung von Ansprüchen eines Dritten „für eine während der Versicherungszeit eintretende Tatsache". Bei solchen Ansprüchen handelt es sich in der Regel um privatrechtliche Schadensersatzansprüche. Allgemein sind davon **Personen- und Sachschäden sowie sich daraus ergebende Vermögenseinbußen** erfasst (Ziff. 1.1 AHB). Ansprüche auf Erfüllung von Verträgen oder deren Surrogate scheiden aus (Ziff. 1.2 AHB), nicht hingegen die in Anspruchskonkurrenz stehenden vertraglichen Schadensersatzansprüche, sofern sie nicht lediglich das Erfüllungsinteresse betreffen.[236] 151

In der Praxis sind im Übrigen je nach versichertem Risiko und Bedingungswerken unterschiedliche Definitionen des Versicherungsfalls gebräuchlich.

Definitionen des Versicherungsfalls:[237]

Kausalprinzip – der Versicherungsfall tritt mit der ersten schadenstiftenden Pflichtverletzung (z.B. Beratungs- oder Planungsfehler) des VN ein; *Anwendungsbeispiel: Berufshaftpflichtversicherung (§ 1 I AVB Vermögensschäden)*;

Schadensereignisprinzip – der Versicherungsfall knüpft an den Vorgang an, der unmittelbar in eine Schädigung des Dritten einmündet; *Anwendungsbeispiel: Allgemeine Haftpflichtversicherung (Ziff. 1.1 AHB)*;

Feststellungsprinzip – hier wird auf die erste nachprüfbare Feststellung (Manifestation) des Versicherungsfalls abgestellt; *Anwendungsbeispiel: Umwelthaftpflichtversicherung (Ziff. 8 AVB Umweltschäden)*;

---

[234] BGH NJW 1956, 826, 827; OLG Köln r+s 1998, 323.
[235] BGH NJW 2003, 2376.
[236] BGH NJW 1962, 2106.
[237] In Anlehnung an Hk-VVG/*Schimikowski*, § 100 Rn. 10 ff.

Anspruchserhebungsprinzip – es wird an die Geltendmachung von Ansprüchen gegenüber dem VN angeknüpft („claims-made"-Prinzip); *Anwendungsbeispiel: Vermögensschadenshaftpflichtversicherung für Unternehmensleiter (§ 1 I AVB D&O-Versicherung).*[238]

Übersicht 20: *Definitionen des Haftpflichtversicherungsfalls*

IV. Versicherungszeit

152 Die den Anspruch auslösende Tatsache muss **während der Versicherungszeit** eingetreten sein (§ 100 VVG, Ziff. 1.1 AHB). Hierfür ist der Versicherungsnehmer beweisbelastet.[239] Der Beginn des Versicherungsschutzes ergibt sich regelmäßig aus den Vertragsbedingungen, ebenso dessen Ende. Der Versicherungsschutz kann bei entsprechender Vereinbarung einen vor Vertragsschluss liegenden Zeitraum abdecken (Rückwärtsversicherung, § 2 VVG).[240] Das ist insbes. im Bereich des Anspruchserhebungsprinzips der Fall (§ 6 II AVB D&O-Versicherung).

V. Ausschlusstatbestände

1. Anzeigepflicht

153 Die allgemeine Anzeigepflicht (§ 30 VVG)[241] wird in der Haftpflichtversicherung durch **§ 104 VVG** modifiziert, was dem gesteigerten Informationsbedürfnis des Versicherers Rechnung tragen soll. Demnach sind sowohl der Sachverhalt, aus dem sich eine Haftpflicht ergeben könnte, als auch die Geltendmachung eines Anspruchs durch den Dritten **binnen einer Woche** beim Versicherer anzuzeigen. Im Falle der Einleitung eines gerichtichen Verfahrens oder Ermittlungsverfahrens ist gem. § 104 II VVG und Ziff. 25.3 AHB eine unverzügliche Anzeige erforderlich. Die rechtzeitige Absendung der Anzeige genügt zur Fristwahrung (§ 104 III 1 VVG).

154 Die **Folgen einer Verletzung** diese Pflichten ergeben sich nicht aus dem VVG, sondern aus Ziff. 26 AHB. Dort ist ein Kündigungsrecht des Versicherers und bei Vorsatz der Verlust des Versicherungsschutzes vorgesehen. Auf letzteren kann sich der Versicherer aber nicht

---

[238] Vgl. zur D&O-Versicherung Rn. 161 ff. und ausführlich *Kerst*, VW 2010, 102; *ders.*, WM 2010, 594.

[239] BGH VersR 1967, 769; Prölss/Martin/*Lücke*, § 100 Rn. 41.

[240] Vgl. hierzu Rn. 62.

[241] Vgl. hierzu Rn. 94.

berufen, wenn er auf andere Weise rechtzeitig Kenntnis vom Versicherungsfall erlangt hatte (§§ 104 III 2, 30 II VVG).

Will der Dritte gem. § 115 I VVG einen **Direktanspruch** geltend machen, unterliegt auch er einer Anzeigeobliegenheit (§ 119 I VVG). Hier beträgt die Frist zwei Wochen ab Kenntniserlangung vom Schadensereignis. Die fehlende oder mangelhafte Anzeige ist im Gesetz ebenfalls nicht sanktioniert, kann – bei Verschulden – aber zur Anwendung des § 254 II BGB führen.[242] Anders ist es bei der weiter gehenden Auskunftspflicht des Dritten nach § 119 III VVG, deren Verletzung von § 120 VVG (Haftungsbegrenzung) geregelt wird. 155

2. Vorsatz des Versicherungsnehmers

Wichtigster Ausschlusstatbestand (und lex specialis gegenüber § 81 VVG) ist die **vorsätzliche und widerrechtliche Herbeiführung des beim Dritten eingetretenen Schadens** (§ 103 VVG, Ziff. 7.1 AHB). Er gilt auch bei der Pflichtversicherung nach § 1 PflVG und betrifft zugleich das Außenverhältnis.[243] Der (mindestens bedingte) Vorsatz muss demnach die Verletzungsfolgen umfassen.[244] Der Gesetzgeber hat dem § 103 VVG offenbar keine Leitbildfunktion i.S.v. § 307 II Nr. 1 BGB beigemessen (vgl. auch § 112 VVG)[245], so dass AVB-Regelungen, die einen Versicherungsausschluss bereits bei grob fahrlässiger Herbeiführung des Schadens vorsehen, denkbar sind (bspw. Ziff. 7.18 AHB).[246] In eine ähnliche Richtung gehen die sog. **Pflichtwidrigkeitsausschlüsse** in der gewerblichen Haftpflichtversicherung.[247] Sie betreffen bspw. das bewusste Abweichen von Gesetzen, Verordnungen, behördlichen Verfügungen o.ä. in der Umwelthaftpflichtversicherung. 156

Die **Widerrechtlichkeit** kann problematisch sein, wenn der Versicherungsnehmer irrtümlich von der Rechtsmäßigkeit seines Handelns ausging, bspw. die beschädigte Sache für sein Eigentum hielt.[248] 157

Da es sich um einen dem Versicherer günstigen Umstand handelt, trifft ihn die Beweislast für das vorsätzliche Verhalten des Versiche- 158

---

[242] MüKo-VVG/*Schneider*, § 119 Rn. 25; a.A. Prölss/Martin/*Klimke*, § 119 Rn. 9; Hk-VVG/*Schimikowski*, § 119 Rn. 4.

[243] KG VersR 2004, 325. Das vorsätzliche Verhalten eines mitversicherten Fahrers muss sich der VN aber nicht zurechen lassen; vgl. OLG Nürnberg NJW-RR 2001, 100.

[244] BGH NJW-RR 1998, 1321. Eine Ausnahme gilt gemäß Ziff. 7.2 AHB bei der Lieferung oder Herstellung mangelhafter Waren.

[245] BT-Drucks. 16/3945, S. 85 („wie bisher abdingbar").

[246] Vgl. vertiefend hierzu MüKo-VVG/*Littbarski*, § 103 Rn. 15 ff.

[247] Vgl. hierzu BGH NJW-RR 1987, 472; OLG Hamm r+s 1996, 96.

[248] Hk-VVG/*Schimikowski*, § 103 Rn. 9.

rungsnehmers. Ein Anscheinsbeweis kommt dabei nicht in Betracht,[249] wohl aber der Rückschluss von einem äußerlich gefährlichen Handeln auf das Bewusstsein des Versicherungsnehmers.

Beispiele: Bei massiven und gezielten Schlägen gegen die Schläfe und gegen den Kopf des wehrlos am Boden liegenden Opfers ist davon auszugehen, dass der VN die Gefährlichkeit seiner Schläge trotz Alkoholisierung im wesentlichen erkannt und die Folgen billigend in Kauf genommen hat.[250]

Bei einem Fußballspiel lässt der äußere Hergang eines groben Fouls grundsätzlich nicht auf einen die Leistungspflicht ausschließenden Verletzungsvorsatz schließen.[251]

3. Bereichsausschlüsse (sekundäre Risikobegrenzung)

159 **Ziff. 7.5 bis 7.7 AHB** nehmen eine Reihe gegen den Versicherungsnehmer gerichteter Haftpflichtansprüche vom Versicherungsschutz aus.

Beispiele: Ansprüche aus Schadensfällen der Angehörigen des VN, die mit ihm in häuslicher Gemeinschaft leben;

Ansprüche wegen Schäden an fremden Sachen, die der VN gemietet, gepachtet oder durch verbotene Eigenmacht erlangt hat;

Ansprüche wegen Schäden, die durch gewerbliche oder berufliche Tätigkeit des VN an fremden Sachen entstanden sind (Tätigkeitsschäden).

F. Prüfungsschema

160 Für Klausuren, bei denen nach einem Deckungsanspruch des Versicherungsnehmers gegen den Versicherer gefragt ist, empfehlen sich die folgenden Prüfungsschritte:

1. Bestehen eines Haftpflichtversicherungsvertrages[252]
2. Inhalt des in Betracht kommenden Deckungsanspruchs
   - *Freistellung, Abwehr oder (ausnahmsweise) unmittelbare Zahlung*
   - *Möglicher Entschädigungsanspruch eines Dritten (Abwehr)*

---

[249] BGH NJW 1988, 2040; OLG Karlsruhe r+s 1995, 408; vgl. zum Anscheinsbeweis *Jäckel*, Rn. 750 ff.

[250] OLG Köln r+s 1999, 233; zweifelhaft hingegen OLG Hamm r+s 1993, 209.

[251] OLG Karlsruhe NJW-RR 2013, 596.

[252] Vgl. allgemein hierzu Rn. 37 ff.

– *Bindungswirkung eines Haftpflichtprozesses (Freistellung)*

3. Erhebung von Ansprüchen durch den Dritten
4. Versicherungsfall
5. Versicherungszeit
6. Ausschlusstatbestände

Übersicht 21: *Deckungsanspruch Haftpflichtversicherung*

Punkt 2) enthält zum einen eine Art Vorprüfung, ob das Begehren des Versicherungsnehmers grundsätzlich unter den Deckungsanspruch fällt. Im Übrigen ist in diesem Zusammenhang nochmals auf das Trennungsprinzip hinzuweisen. Es hat also keine Inzidentprüfung des Haftpflichtanspruchs zu erfolgen. Verlangt der Versicherungsnehmer **Abwehrdeckung**, ist auf Grundlage der Angaben des Dritten lediglich zu prüfen, ob dessen vermeintlicher Anspruch in den Schutzbereich des Versicherungsvertrages fallen würde. Wird hingegen **Freistellung** verlangt, so ist zu prüfen, ob die Haftung des Versicherungsnehmers verbindlich feststeht, insbesondere aufgrund eines vorherigen Prozesses. **Punkt 3)** kann, wenn er unproblematisch ausfällt, auch bei Punkt 2) integriert werden.

Kapitel 5. Grundzüge der D&O-Versicherung

A. Systematische Einordnung

Eine D&O-Versicherung ist eine Vermögensschaden-Haftpflichtversicherung für **Organmitglieder** juristischer Personen. Das Haftungsrisiko des Managers insbesondere für den Normfall der Innenhaftung gegenüber seiner Kapitalgesellschaft kann durch eine D&O-Versicherung abgesichert werden. In Deutschland ist dieses Versicherungsprodukt mit Ausnahme der Neuregelung des § 93 II 3 AktG nicht gesetzlich geregelt. Rechtsquelle dieser Versicherung sind neben dem VVG die Allgemeinen Versicherungsbedingungen (AVB-AVG). 161

Bei der D&O-Versicherungspolice handelt es sich um eine **Haftpflichtversicherung** zum Schutz der versicherten Personen (Manager) vor Haftungsrisiken wegen Vermögensschäden. Sie sichert aber auch das Ausfallrisiko der Gesellschaft bei einer Haftung des Vorstandes gegenüber der Gesellschaft. Anders formuliert: Bei einer Schadensersatzpflicht des Vorstandes gegenüber seiner Gesellschaft bekommt diese ihren Schaden vom Versicherer ersetzt. Deshalb wird die Frage diskutiert, ob die D&O-Versicherung eine Haftpflichtversicherung für den Manager oder eine Eigenschadenversicherung für die Gesellschaft ist. Ausgehend vom Schwerpunkt – dem Schutz der versicherten Personen/Vorstände – handelt es sich um eine (Fremd-)Haftpflichtversicherung. Der Versicherungsfall wird durch Inanspruchnahme des versicherten Vorstandes ausgelöst (claims-made-Prinzip). 162

Die D&O-Versicherung ist eine **Versicherung für fremde Rechnung** gemäß § 43 I VVG.[253] Typisch bei der D&O-Police sind im Hinblick auf das gesellschaftsrechtliche Innenhaftungsmodell Drei-Personen-Verhältnisse. Vertragspartner sind der Versicherer und die Gesellschaft als Versicherungsnehmerin. Versicherte Person und Anspruchsgegner von Schadenersatzansprüchen ist das Vorstandsmitglied. Die Gesellschaft als Versicherungsnehmerin ist zugleich die Anspruchsstellerin von Schadenersatzansprüchen. Versicherungsschutz besteht insoweit, wie die versicherte Person wegen einer behaupteten Pflichtverletzung bei Ausübung der Tätigkeit als Organmitglied in Anspruch genommen wird. Der **Versicherungsschutz** umfasst nach Ziff. 4.1 AVB-AVG (Musterbedingungen des GDV) die Abwehr unbegründeter und 163

[253] Vgl. allgemein hierzu Rn. 73.

die Befriedigung begründeter Schadensersatzansprüche. Diese Versicherungsansprüche des versicherten Vorstandsmitgliedes werden fällig mit Anspruchserhebung. In der Regel deckt die D&O-Versicherung nur unwissentliche Pflichtverletzungen des Vorstandes.

Dreiecksverhältnis bei der D&O-Versicherung:

1. Anspruch der Gesellschaft gegen ihren Manager, § 43 II GmbHG bzw. § 93 II AktG
2. Anspruch der Versicherungsnehmerin/Gesellschaft gegen den D&O-Versicherer auf Schadensausgleich aus dem Versicherungsvertrag
3. Versicherer gewährt der versicherten Person (dem Geschäftsführer bzw. Vorstand) Abwehrschutz

Übersicht 22: *Rechtsverhältnisse bei der D&O-Versicherung*

B. Haftpflichtfall

164 Der Versicherungsfall setzt eine Haftung des Vorstandes voraus und eine Anspruchsgeltendmachung durch die Gesellschaft. Als Beispiel für die Haftung von Geschäftsleitern im Kapitalgesellschaftrecht wurde im Folgenden die Haftung des Vorstands der Aktiengesellschaft (AG) gewählt, so dass im Rahmen des Schwerpunktstudiums zugleich die Grundsätze zur AG wiederholt werden können.

I. Managerhaftung am Beispiel der Aktiengesellschaft

165 Unter Managerhaftung im Allgemeinen versteht man die **persönliche Haftung eines Leitungs- oder Aufsichtsorgans** einer Kapitalgesellschaft. Die hier interessierenden Pflichten des Vorstandes einer AG sind die positive Kehrseite der bei Verletzung möglicherweise eingreifenden Haftung.[254] Solche Pflichten können sich aus dem Rechtsverhältnis gegenüber der AG ergeben (Innenhaftung), aber auch gegenüber konkreten Geschäftspartnern und sonstigen Dritten (Außenhaftung). Das deutsche Haftungsmodell bei Kapitalgesellschaften sieht insbesondere im Verhältnis zu Dritten primär eine Außenhaftung der Gesellschaft vor. Direktansprüche gegen Vorstände bestehen nur in eingeschränktem Rahmen.

---

[254] Henssler/Strohn/*Dauner-Lieb*, AktG § 93 Rn. 26.

1. Pflichten aus der Organstellung

Bei Pflichten, die aus dem Rechtsverhältnis des Vorstandes zur AG resultieren, ist zwischen solchen aus dem Bestellungsverhältnis und dem Anstellungsverhältnis zu unterscheiden. Aus der Organstellung folgt die Verpflichtung, den Gesellschaftszweck aktiv zu verfolgen, sich bietende Geschäftschancen wahrzunehmen („corporate opportunities“) und alles zu verhindern bzw. zu unterlassen, was der Gesellschaft schaden könnte.[255] Nach § 93 I 1 AktG schuldet der Vorstand dabei die Sorgfalt eines ordentlichen und gewissenhaften Geschäftsleiters. Als erste zu nennende Hauptpflicht des Vorstandes ist die **Vertretung der AG** im Rechtsverkehr zu nennen, § 78 AktG. Dabei ist im gesetzlichen Regelfall Gesamtvertretung nach § 78 II 1 AktG angeordnet. Für den Zugang von rechtserheblichen Erklärungen ist nach Satz 2 von § 78 II AktG der Zugang bei einem Vorstand ausreichend. Nicht zur ausschließlichen Vertretungszuständigkeit des Vorstandes gehören Fälle, in denen die eigene Stellung betroffen ist (§§ 112, 114 AktG) bzw. Satzungs- und Strukturänderungen anstehen. Spiegelbildlich zur Vertretung nach außen obliegt dem Vorstand im Innenverhältnis die **Geschäftsführung** der AG. Zur Geschäftsführung zählen die eigenverantwortliche Unternehmensleitung (strategische Ausrichtung des Unternehmens) und das Personalmanagement, § 76 I AktG. Dazu gehören die Einhaltung der gesetzlichen Bestimmungen und die Hinwirkung auf ihre Beachtung im Unternehmen (Compliance). Ferner sorgt der Vorstand für ein angemessenes Risikomanagement und Risikocontrolling im Unternehmen. Diese Verpflichtung wurde zur Verhinderung existenzbedrohender Entwicklungen eines Unternehmens durch den eingefügten § 91 II AktG geregelt. Der Vorstand hat die wirtschaftliche Entwicklung des Unternehmens ständig zu beobachten. Die Grenze für den Umfang der Geschäftsführungsbefugnis bildet der in der Satzung festgelegte Unternehmensgegenstand. Aus der Organstellung des Vorstandes folgen weiterhin **Treuepflichten** gegenüber der AG. Dazu zählt insbesondere die Pflicht der Verschwiegenheit bezüglich der Angabe von Geschäftsgeheimnissen. Aus den Treuepflichten folgt auch das Gebot, der AG gegenüber **keinen Wettbewerb** zu betreiben, § 88 AktG. Zur ordnungsgemäßen Geschäftsführung gehört auch die vom Gesetz auferlegte Pflicht zur **Buchführung** und zur Aufstellung des erweiterten Jahresabschlusses und Lageberichtes (§ 264 I HGB). Den Vorstand treffen ferner verschiedene **Berichtspflichten** gegenüber den Aktionären und dem Aufsichtsrat (§§ 90, 131 I AktG). In der Krise der Gesellschaft nehmen die Pflich- 166

[255] Henssler/Strohn/*Dauner-Lieb*, AktG § 76 Rn. 3 ff.

ten des Vorstandes zu. So hat er beispielsweise bei Verlust der Hälfte des Nennwertes die Hauptversammlung einzuberufen und ihr diesen Umstand anzuzeigen. Nach § 15a InsO ist der Vorstand verpflichtet, rechtzeitig Insolvenzantrag zu stellen – eine Pflicht mit leider hoher Praxisrelevanz.

2. Pflichten aus dem Anstellungsvertrag

167 Neben der soeben beschriebenen gesetzlichen Pflichtenbindung aus der Organstellung (Bestellung) folgen aus dem Anstellungsrechtsverhältnis zwischen AG und Vorstand weitere Pflichten. Dabei kommt es auf die konkrete Vereinbarung an. Oftmals wird in der Praxis auf den Gesellschaftsvertrag Bezug genommen. Eine der Hauptleistungspflichten des Vorstands nach dem Anstellungsvertrag (§ 611 BGB) ist die Pflicht, die volle Arbeitskraft und das gesamte Wissen und Können zum Nutzen der AG zur Verfügung zu stellen. Im Anstellungsvertrag werden ferner Treuepflichten und Wettbewerbsverbote beschrieben.

3. Pflichten gegenüber Geschäftspartnern und Dritten

168 Im Geschäftsverkehr schließen die Geschäftspartner in der Regel Verträge mit der AG, so dass hieraus keine unmittelbaren vertraglichen Pflichten für den Vorstand bestehen. Er hat jedoch den Rechtsformzusatz „AG" zu verwenden, um nicht den Rechtsschein einer persönlichen Haftung zu erwecken (§ 80 I 1 AktG). Weiterhin hat er Geschäftspartner bei Vertragsverhandlungen auf eine drohende Überschuldung der Gesellschaft hinzuweisen.[256] Bei besonderem persönlichen Vertrauen oder wirtschaftlichem Eigeninteresse wurde eine persönliche Haftung des Geschäftsleiters gegenüber dem Geschäftspartner aus culpa in contrahendo (§§ 280 I, 311 II BGB) angenommen. Die im Bereich des Gesellschafter-Geschäftsführers einer GmbH entwickelte Rechtsprechung steht jedoch im Gegensatz zu dem im Kapitalgesellschaftsrecht bestehenden Prinzip der Haftungsbeschränkung auf das Gesellschaftsvermögen (§ 1 I 2 AktG). Diese Haftungsmaßstäbe sind daher abzulehnen, zumal über die Zurechnung des Verhaltens des Geschäftsleiters zur Kapitalgesellschaft sowie die sanktionsbehafteten Verstöße gegen Verbotsgesetze (§ 823 II BGB i.V.m. § 15a I InsO) ausreichend zivilrechtliche Sanktionsmöglichkeiten bestehen. Bei Verstoß gegen ein Verbotsgesetz kommt eine direkte deliktische Haftung des Vorstandes gemäß § 823 II BGB in Betracht, ebenso bei sonstigem deliktischen Verhalten gegenüber Dritten nach § 823 I BGB.

---

[256] BGH ZIP 1983, 428, 430 f.

Jedoch sind bei Zweifelsfragen einer deliktischen Haftung des Vorstandes die Grundsätze der Haftungsbeschränkung auf das Gesellschaftsvermögen der AG im Blick zu behalten.

II. Anspruchsgrundlage für die Haftung (§ 93 II 1 AktG)

§ 93 AktG regelt die Sorgfaltspflicht und Verantwortlichkeit der **169** Vorstandsmitglieder und zielt als Haftungstatbestand auf Schadensprävention sowie Schadensausgleich.[257] Nach der Normstruktur sind Vorstandsmitglieder der AG zum Schadenersatz verpflichtet, wenn sie ihre Pflichten (vgl. oben Rn. 166 f.) gegenüber der Gesellschaft verletzten, daraus für die Gesellschaft ein Schaden entsteht und – wie sich aus § 93 II 2 AktG ergibt – sie schuldhaft gehandelt haben. Es handelt sich um einen gesetzlichen Fall der Organhaftung (str.), wobei auch Verstöße gegen Pflichten aus dem Anstellungsvertrag zu einer Haftung nach § 93 II 1 AktG führen. Die AG trägt die Darlegungs- und Beweislast für den Schaden und die Kausalität der Pflichtverletzung, während der Vorstand das Fehlen einer Sorgfaltspflichtverletzung beweisen muss.[258] Dem Vorstand ist bei Leitung der AG ein weiter Handlungsspielraum zuzubilligen, ohne den unternehmerisches Handeln nicht möglich wäre (sog. business judegment rule, § 93 I 2 AktG).

C. Gesetzlicher Pflichtselbstbehalt

Um den Vorstand an der Haftung zu beteiligen, hat der Gesetzgeber **170** im Rahmen der Finanzkrise in § 93 II 3 AktG einen gesetzlichen Pflichtselbstbehalt eingeführt.[259] Der Schaden soll nicht vollständig auf das Versicherungsunternehmen übertragen werden. Im Schadensfall kürzt deshalb der Versicherer entsprechend dem vereinbarten Selbstbehalt seine Leistung gegenüber der Gesellschaft. Diese nimmt in dieser Höhe ihren Vorstand wieder direkt in Anspruch.

Beispiel: A ist Finanzvorstand der X-AG. Unwissentlich hat er bei der Aufstellung der Bilanz einen Fehler begangen, der zu einem Schadensersatzanspruch der X-AG führt. Die X-AG hat bei der V-Versicherung eine D&O-Versicherung für A abgeschlossen. Die X-AG kann ihren Schaden beim D&O-Versicherer abzüglich des Selbstbehaltes ersetzt verlangen kann. Den Zahlungsausfall in Höhe des abgezogenen Selbstbehaltes kann die X-AG nach § 93 II 1 AktG von A ersetzt verlangen.

---

[257] Henssler/Strohn/*Dauner-Lieb*, AktG § 93 Rn. 29.

[258] Henssler/Strohn/*Dauner-Lieb*, AktG § 93 Rn. 36.

[259] Vertiefend dazu *Kerst*, D&O-Versicherung nach Einführung des aktienrechtlichen Selbstbehaltes, WM 2010, S. 594 ff.

Kapitel 6. Grundzüge der Privaten Krankenversicherung

Die Krankenversicherung ist für jeden Menschen elementar. In Deutschland besteht diesbezüglich ein **duales Krankversicherungssystem**. Die gesetzliche Krankenversicherung gehört zum Sozialversicherungsrecht (SGB V), während die private Krankenversicherung dem Privatversicherungsrecht zuzuordnen ist. Bei der privaten Krankenversicherung unterscheidet man zwischen „substitutiver“ und „nicht substitutiver“ Versicherung. Die substitutive Krankenversicherung ersetzt ganz oder teilweise den im gesetzlichen Sozialversicherungssystem vorgesehenen Kranken- und Pflegeversicherungsschutz (§ 195 I VVG). Sie bietet Schutz gegen die gleichen Risiken wie die gesetzliche Krankenversicherung. 171

A. Besonderheiten der Privaten Krankenversicherung

Zwischen der gesetzlichen Krankenversicherung und der privaten Krankenversicherung bestehen insbesondere hinsichtlich der Finanzierung und Ausgestaltung des Versicherungsschutzes konstitutive Systemunterschiede. Man spricht auch von unterschiedlichen Strukturprinzipien. 172

I. Kennzeichen der gesetzlichen Krankenversicherung

Die gesetzliche Krankenversicherung (GKV) ist vom **Solidarprinzip** geprägt. Alle in der GKV Versicherten haben solidarisch füreinander einzustehen. Ziel ist es, einen finanziellen Ausgleich zwischen sozial schwächeren und sozial stärkeren Mitgliedern zu schaffen. Jeder Versicherte hat einen Anspruch auf medizinische Versorgung und erhält im Krankheitsfall die notwendigen Gesundheitsleistungen aus einem für alle identischen Leistungskatalog. Eine Differenzierung des Leistungsangebots abhängig von der Beitragshöhe erfolgt nicht. An den Gesundheitskosten ist der Versicherte nicht mit einem an seinem persönlichen Gesundheitsrisiko ausgerichteten Beitrag beteiligt, sondern seinem wirtschaftlichen Leistungsvermögen entsprechend. Die Höhe des Beitrages richtet sich deshalb nach dem Einkommen. Die gesetzliche Krankenversicherung ist umlagefinanziert, d.h. dass die 173

Ausgaben eines Jahres mit den Beitragseinnahmen desselben Jahres finanziert werden.

II. Kennzeichen der privaten Krankenversicherung

174 Die private Krankenversicherung (PKV) ist eine Individualversicherung. Sie wird von dem Grundsatz der Eigenvorsorge auf der Basis des **Äquivalenzprinzips** beherrscht.[260] Zwischen der Höhe der zu zahlenden Beiträge, dem individuellen Gesundheitsrisiko und dem versicherten Leistungsumfang besteht eine direkte Abhängigkeit. Je mehr Leistungen versichert werden, desto höher ist der Beitrag. Das Äquivalenzprinzip soll garantieren, dass Gruppen mit gleichen Risiken dieselben Beiträge zahlen, die dann auch ausreichen, um die in diesen Gruppen anfallenden Versicherungsleistungen zu erbringen. Wer ein größeres Risiko darstellt und deshalb voraussichtlich mehr Leistungen in Anspruch nehmen wird, muss folglich auch höhere Beiträge zahlen. Die private Krankenversicherung trifft durch Bildung von **Alterungsrückstellungen** Vorsorge für die mit dem Alter steigende Inanspruchnahme von Gesundheitsleistungen. Der Beitrag wird über die gesamte Versicherungsdauer so kalkuliert, dass er in jungen Jahren des Versicherten oberhalb der tatsächlich in Anspruch genommenen Gesundheitsleistungen und in späteren Jahren unterhalb dieser Leistungen liegt (Mischkalkulation). Im Gegensatz zum Sachleistungsprinzip in der gesetzlichen Versicherung gilt bei der privaten Krankenversicherung das **Kostenerstattungsprinzip**. Danach ist der Patient selbst Vertragspartner des Arztes oder eines weiteren Leistungsträgers (z.B. Krankenhaus). Er tritt prinzipiell in Vorleistung und bekommt die Kosten von seinem Versicherer nach Einreichung der Rechnungen erstattet. Der Versicherer ist also nachleistungspflichtig.

174a In Deutschland besteht seit 2009 eine **allgemeine Krankenversicherungspflicht**. Wer seinen Wohnsitz im Inland hat, nicht in der GKV versichert oder versicherungspflichtig ist bzw. keine Sozialhilfe bezieht, muss sich und seine minderjährigen Kinder – soweit kein Beihilfeanspruch beseht – privat krankenversichern (§ 193 III VVG). Insofern unterliegen die Versicherer einem Kontrahierungszwang bezogen auf den Basistarif (§ 193 V VVG). Die Kündigung eines solchen Vertrages seitens des Versicherers ist grundsätzlich ausgeschlossen (§ 206 I 1 VVG). Die Versicherungspflicht umfasst auch eine private Pflegekostenversicherung (§ 23 SGB XI).

---

[260] Vgl. allgemein zum Begriff der Krankenversicherung Hk-VVG/*Rogler*, § 192 Rn. 2 ff.

Strukturunterschiede GKV – PKV:

Gesetzliche Krankenversicherung: Gesetzliche Vorgabe eines Leistungskataloges, Möglichkeit der nachträglichen Begrenzung des Leistungskatalogs, einkommensbezogener Beitrag nach dem Umlageverfahren, Pflichtversicherung, Sachleistungsprinzip (i.d.R.), Inanspruchnahme von Vertragsärzten.

Private Krankenversicherung: Vertragliche Vereinbarung des Leistungsumfangs, freie Wahl des Behandlers, wagnisgerechter Beitrag nach dem Anwartschaftsdeckungsverfahren, demografieabhängige Beitragserhöhung wegen des Älterwerdens des VN ausgeschlossen, Beitragsrückerstattung, Kostenerstattungsprinzip, Europageltung.

Übersicht 23: *Unterschiede GKV – PKV*

III. Versicherungsvertragliche Besonderheiten

Aufgrund der herausragenden Bedeutung der privaten Krankenversicherung enthält das VVG in den **§§ 192 ff. Sonderregelungen**. So kommt eine Leistungsfreiheit des Versicherers bei Herbeiführung des Versicherungsfalles (der Krankheit bzw. des Unfalles) in der Krankenversicherung abweichend von § 81 VVG nur bei Vorsatz in Betracht (§ 201 VVG). § 38 I VVG ist mit der Einschränkung anwendbar, dass die zu setzende Frist des Versicherers im Falle des Zahlungsrückstandes bei der Folgeprämie zwei Monate betragen muss (§ 194 II VVG). Die Regelungen über die Gefahrerhöhung (§§ 23–27 VVG) sind gemäß § 194 I 2 VVG überhaupt nicht anwendbar. Die Vorschriften über die vorvertragliche Anzeigepflicht sind grundsätzlich anwendbar, mit Ausnahme der Kündigungsmöglichkeit nach § 19 III 2 VVG und des Ausschluss des Rücktrittes bei möglicher Vertragsanpassung (§ 19 IV VVG). 175

Lernhinweis: Allgemein gilt, dass in Krankenversicherungsfällen die §§ 192 ff. VVG – und hier insbesondere **§ 194 VVG** – bei der Falllösung genau zu lesen sind. Bestimmte Vorschriften wie §§ 195, 206 VVG gelten nur für die „substitutive Krankenversicherung“.

IV. Vertragstypische Leistungen

Die private Krankenversicherung kann gemäß § 194 I VVG als Schadens- und/oder Summenversicherung ausgestaltet sein. In der **Krankheitskostenversicherung**, wie sie in der Praxis in Deutschland 176 ausgestaltet ist, gilt das Prinzip der konkreten Bedarfsdeckung. Gemäß § 1 I lit. a der Musterbedingungen 2009 für die Krankheitskostenversicherung (**MB/KK 2009**) gewährt der Versicherer im Versicherungsfall den Ersatz von „Aufwendungen für Heilbehandlung und sonst vereinbarte Leistungen“. Die Krankheitskostenversicherung ist demnach eine Schadensversicherung. Bei der **Krankenhaustagegeldversicherung** hat der Versicherer eine im Voraus fixierte Geldleistung zu erbringen, die den beim Krankenhausaufenthalt abstrakt anfallenden Mehrbedarf ausgleichen soll, § 1 I lit. b MB/KK 2009. Die Versicherungsleistung in der **Krankentagegeldversicherung** deckt nach § 1 I der Musterbedingungen 2009 für die Krankentagegeldversicherung (**MB/KT 2009**) einen Verdienstausfall durch Arbeitsunfähigkeit und ist hinsichtlich der Tagesgeldhöhe primär am Einkommen des Versicherungsnehmers ausgerichtet. Beide sind als **Summenversicherung** ausgestaltet, die einen voraussichtlichen (abstrakten) Mehrbedarf ausgleichen soll. Der Versicherungsnehmer erhält die versicherten Leistungen deshalb auch, wenn tatsächlich kein Mehrbedarf entstanden ist.

B. Anspruchsvoraussetzungen (Krankheitskostenversicherung)

177 Der Versicherungsnehmer kann einen Erstattungsanspruch in der Krankenversicherung nach **§ 1 VVG in Verbindung mit § 1 MB/KK** geltend machen, wenn die folgenden Anspruchsvoraussetzungen vorliegen.

I. Materieller Deckungsschutz

178 Der Zeitraum, für welchen der Krankheitskosten- und Krankenhaustagegeldversicherer bei Eintritt von Versicherungsfällen zu leisten hat, ist in § 2 MB/KK 2009 bestimmt. Der Versicherungsschutz beginnt danach mit dem im Versicherungsschein bezeichneten Zeitraum, jedoch nicht vor Abschluss des Versicherungsvertrages (insbesondere Zugang des Versicherungsscheines oder schriftliche Annahmeerklärung) und nach Ablauf von **Wartezeiten** (vgl. auch § 197 VVG). Aufgrund der Wartezeiten fallen formelle Versicherungsdauer (Vertragsschluss) und Beginn des materiellen Deckungsschutzes regelmäßig auseinander.[261] Die Wartezeiten dienen dem Versicherer als Risikobegrenzung, damit bspw. nicht die aktuelle Erkrankung des Versi-

[261] Hk-VVG/*Rogler*, § 197 Rn. 8.

cherungsnehmers der Grund des Vertragsschlusses ist.[262] Die allgemeine Wartezeit beträgt 3 Monate (§ 3 II MB/KK 2009). Neben der allgemeinen Wartezeit besteht für Entbindung, Psychotherapie, Zahnbehandlung und Zahnersatz sowie Kieferorthopädie eine besondere Wartezeit von 8 Monaten (§ 3 III MB/KK 2009). Bei Krankenversicherungen im Basistarif gibt es keine Wartezeiten (§ 3 MB/BT 2009[263]). Für den Beginn des materiellen Deckungsschutzes (Haftungsbeginn des Versicherers) stellt § 2 I MB/KK 2009 nicht auf die Zahlung der Erstprämie ab (§ 37 VVG), so dass das Einlösungsprinzip hier als abbedungen anzusehen ist. Unabhängig von der Zahlung der Erstprämie kann somit Versicherungsschutz bestehen.

II. Eintritt des Versicherungsfalles

Versicherungsfall in der Krankheitskostenversicherung ist nach 179
§ 1 I MB/KK 2009 die medizinisch notwendige Heilbehandlung einer versicherten Person wegen Krankheit und Unfallfolgen (vgl. auch § 192 I VVG). Der Versicherungsfall beginnt mit der Heilbehandlung und endet, wenn nach medizinischem Befund eine Behandlungsbedürftigkeit nicht mehr besteht. Im Einzelnen:

1. Krankheit und Unfall

Versicherungsschutz besteht für Krankheiten, Unfälle und andere 180
im Vertrag genannte Ereignisse. Krankheit ist ein objektiver, nach ärztlichem Urteil bestehender anormaler Körper- oder Geisteszustand, der eine nicht ganz unerhebliche Störung körperlicher oder geistiger Funktionen mit sich bringt. Ob der Versicherungsnehmer sich selbst krank oder gesund fühlt, ist unerheblich. Es gilt somit der **objektive Krankheitsbegriff**, d.h. es kommt auf das Vorhandensein einer Krankheit im Sprachgebrauch des täglichen Lebens an, wie er sich auf der Grundlage allgemein bekannt werdender Erkenntnisse der Medizin gebildet hat.[264] Obwohl es sich dabei nicht um eine medizinisch notwendige Heilbehandlung handelt, sind nach § 1 II MB/KK 2009 mitversichert: Untersuchung und medizinisch notwendige Behandlung wegen Schwangerschaft und die Entbindung, ambulante Untersuchungen zur Früherkennung von Krankheiten nach gesetzlich eingeführten Programmen (gezielte Vorsorgeuntersuchungen) und der Tod, soweit hierfür Leistungen vereinbart sind.

---

[262] BGH NJW 1978, 1197.

[263] Allgemeine Versicherungsbedingungen 2009 für den Basistarif.

[264] Prölss/Martin/*Voit*, § 192 Rn. 21; Hk-VVG/*Rogler*, § 1 MB/KK 2009 Rn. 7.

2. Medizinisch notwendige Heilbehandlung

181 Eine Leistungspflicht besteht nur für medizinisch notwendige Heilbehandlungen. Dabei handelt es sich um einen unbestimmten Rechtsbegriff, den die Rechtsprechung ausgefüllt hat. Unter **Heilbehandlung** versteht die Rechtsprechung des BGH jede ärztliche Tätigkeit, die durch die betreffende Krankheit verursacht worden ist, sofern die Leistung des Arztes von ihrer Art her in den Rahmen der medizinisch notwendigen Krankenpflege fällt und auf Heilung, Besserung oder auch Linderung der Krankheit abzielt.[265] Die Heilbehandlung beginnt mit der ersten ärztlichen Maßnahme, die auf die Erkennung des Leidens abzielt. Zur Heilbehandlung zählt also auch die Diagnostik. Bei schweren lebensbedrohlichen Erkrankungen oder solchen, für die eine wissenschaftlich anerkannte Methode mit Aussicht auf Heilung oder Linderung nicht besteht, genügt jede Behandlungsmethode, die eine vorübergehende Hemmung der Verschlimmerung der Krankheitsfolgen verspricht.[266] Keine Heilbehandlung sind somit Schönheitsoperationen. Eine Behandlungsmaßnahme ist **medizinisch notwendig**, wenn es nach den objektiven medizinischen Befunden und wissenschaftlichen Erkenntnissen zum Zeitpunkt der Behandlung vertretbar war, sie als medizinisch notwendig anzusehen.[267] Die Beurteilung erfolgt somit nach **objektiven Kriterien**.

Fall – Erstattungsfähigkeit von Batteriekosten:[268] A hat beim Krankenversicherer X eine Krankheitskostenversicherung abgeschlossen, der die MB/KK 1994 und entsprechende Tarifbedingungen zugrunde liegen. Die Tarifbedingungen enthalten eine Leistungszusage für Herzschrittmacher, nicht jedoch allgemein für Geräteenergiekosten. Für sein Hörgerät (sog. Cochlea Implantat) verlangt A von X die Batteriekosten ersetzt, da zumindest die Leistungszusage für Herzschrittmacher analog anzuwenden sei. Zu Recht?

§ 1 I MB/KK 1994 lautet: Der Versicherer bietet Versicherungsschutz für Krankheiten, Unfälle und andere im Vertrag genannte Ereignisse. Er gewährt im Versicherungsfall a) in der Krankheitskostenversicherung Ersatz von Aufwendungen für Heilbehandlung und sonst vereinbarte Leistungen, b) in der Krankenhaustagegeldversicherung bei stationärer Heilbehandlung ein Krankenhaustagegeld.

---

[265] BGH VersR 1996, 1224; vgl. ferner MAH-VersR/*Schubach*, § 23 Rn. 141 ff.
[266] Vgl. zur unheilbaren Krankheit Hk-VVG/*Rogler*, § 1 MB/KK 2009 Rn. 16.
[267] BGH VersR 1996, 1224.
[268] Nach BGH VersR 2009, 1106.

A kann keinen Anspruch aus dem Versicherungsvertrag i.V.m. § 1 MB/KK 94 geltend machen. Bevor man zu einer Klauselprüfung nach den §§ 307 ff. BGB kommt, ist die Klausel auszulegen. Auslegungsmaßstab ist das Verständnis eines durchschnittlichen Versicherungsnehmers. Der beanspruchte Versicherungsschutz richtet sich nach dem geschlossenen Versicherungsvertrag, den zugrunde gelegten Versicherungsbedingungen, den diese ergänzenden Tarifbedingungen sowie den gesetzlichen Vorschriften. Danach sind Batteriekosten keine erstattungsfähigen Behandlungskosten nach § 1 I 2 lit. a MB/KK 1994 („Heilbehandlung"), da hierunter nur ärztliche Behandlungsmaßnahmen zum Zwecke der Heilung, Besserung oder auch nur Linderung eines Leidens bzw. Leistungen, die in direktem Zusammenhang mit ärztlichem Handeln stehen, zu verstehen sind. A geht es jedoch um die Kosten für die Energieversorgung eines technischen Gerätes, um dessen Betriebsbereitschaft sicherzustellen. Dass die Tarifbedingungen eine Leistungszusage für Herzschrittmacher enthalten, ist für den durchschnittlichen Versicherungsnehmer erkennbar eine Sonderregelung, so dass sich die Annahme eines allgemeinen Leistungsversprechens zur Übernahme von Energiekosten für Geräteeinsätze nicht feststellen lässt. Die Kosten lassen sich auch nicht auf die Überlegung stützen, dass das Cochlea Implantat das Hörvermögen wiederherstelle. Vielmehr handelt es sich bei dem Implantat um ein Hilfsmittel, da es den körperlichen Defekt der Gehörlosigkeit über längere Zeit nur auszugleichen sucht und damit unmittelbar eine Ersatzfunktion für ein krankes Organ wahrnehmen soll, ohne dessen Funktionsfähigkeit wiederherzustellen. Für ein Hilfsmittel sind in den abschließenden Tarifbedingungen die Energiekosten nicht aufgeführt. Sie können auch nicht als erstattungsfähige Reparaturkosten verstanden werden. Die vertraglich nicht vorgesehene Erstattungsfähigkeit der Batteriekosten gefährdet schließlich im Hinblick auf § 307 II Nr. 2 BGB nicht den Vertragszweck, da der Versicherungsvertrag durch diese Einschränkung nicht zwecklos wird. Eine analogieähnliche Auslegung (hier: Cochlea Implantat als Herzschrittmacher) scheidet als zulässiges Mittel aus, da es sich bei den MB/KK um Allgemeine Versicherungsbedingungen und nicht um eine gesetzliche Norm handelt.

3. Zusätzliche Dienstleistungen

Durch entsprechende vertragliche Vereinbarung können weitere Dienstleistungen des **Gesundheitsmanagements** in die Krankheitskos- **181a** tenversicherung einbezogen werden (§ 192 III VVG). Sie müssen mit vertragstypischen Leistungen des Krankenversicherers in unmittelbarem Zusammenhang stehen, wobei das Gesetz beispielhaft einige sinnvolle und zulässige Maßnahmen aufzählt.

III. Wirksamer und fälliger Vergütungsanspruch gegen den Versicherungsnehmer

182 Der Leistungsanspruch gegenüber dem Versicherer setzt immer einen wirksamen und fälligen Vergütungsanspruch des medizinischen Leistungserbringers (z.B. des Arztes) gegen den versicherten Patienten voraus. Daran fehlt es, wenn die **Abrechnung** (Liquidation) unvereinbar mit gebührenrechtlichen Bestimmungen wie beispielsweise der Gebührenordnung für Ärzte (GOÄ) ist.[269] Die Fälligkeit der ärztlichen Vergütung setzt außerdem eine formell ordnungsgemäße Abrechnung voraus (§ 12 GOÄ). Da Aufwendungen durch das Eingehen von Verbindlichkeiten entstehen, fehlt es hieran auch, wenn Gläubiger und Rechnungsadressat identisch sind. Im Fall der Selbstbehandlung des privat versicherten Arztes besteht deshalb keine Erstattungspflicht.[270] Der Behandlungsvertrag zwischen Arzt und Patient stellt einen Dienstvertrag dar, der in den §§ 630a ff. BGB gesondert geregelt ist.

IV. Leistungsausschluss bzw. -kürzung

1. Allgemeines

183 In **§ 5 I MB/KK 2009** sind die Fallkonstellationen geregelt, in denen der Versicherungsschutz ausgeschlossen ist (z.B. Krankheiten durch Kriegsereignisse). Es handelt sich um **Risikoausschlüsse**, die entsprechend der hierfür bestehenden Beweislastverteilung der Versicherer zu beweisen hat. Hierunter fällt nach § 5 I lit. b MB/KK 2009 auch die vorsätzliche Herbeiführung der Krankheit und des Unfalls (vgl. auch § 201 VVG). Wichtigster Fall der Leistungskürzung bei der Krankenversicherung ist die Verletzung vorvertraglicher Anzeigepflichten gemäß § 19 VVG. Nach Eintritt des Versicherungsfalles sind die Obliegenheiten des § 9 MB/KK 2009 zu beachten.

---

[269] MüKo-VVG/*Kalis*, § 192 Rn. 19.

[270] OLG Köln BeckRS 2014, 10828.

2. Übermaßbehandlung, Übermaßvergütung[271]

Gemäß § 5 II MB/KK 2009 ist der Versicherer berechtigt, bei sog. **Übermaßbehandlungen** seine Leistungspflicht auf einen angemessenen Betrag herabzusetzen. Ein wirtschaftliches Übermaß ist damit nicht gemeint. Es geht vielmehr darum, dass einzelne Behandlungsschritte und -teile oder zum Einsatz gebrachte Hilfsmittel das medizinisch notwendige Maß übersteigen.[272] 184

Ausgangspunkt einer *anderen* Fallkonstellation, der sog. **Übermaßvergütung,** ist § 192 II VVG, wonach der Krankenversicherer zur Leistung insoweit nicht verpflichtet, als die Aufwendungen für die Heilbehandlung oder sonstigen Leistungen **in einem auffälligen Missverhältnis** zu den erbrachten Leistungen stehen. Dazu ist keinesfalls ausreichend, dass der Versicherer eine kostengünstigere Behandlungsmethode aufzeigt. Bei der Auslegung des Begriffes „auffälliges Missverhältnis" wird man sich an der Rechtsprechung zu § 138 BGB orientieren können, wobei es auf eine subjektive Vorwerfbarkeit des Leistungserbringers nicht ankommt.[273]

Als dritte Fallkonstellation sei hier die sog. „Luxusbehandlung" erwähnt, bei der unter medizinisch gleichwertigen Behandlungsmethoden die teuerste gewählt wurde. Nach der Rechtsprechung des *BGH* enthält der Begriff „medizinisch notwendige Heilbehandlung" keine Beschränkung der Leistungspflicht auf die kostengünstigste Behandlung.[274] Es gibt also außerhalb des § 192 II VVG kein Verbot der finanziellen Übermaßbehandlung, und der Versicherer kann den Versicherungsnehmer nicht auf einen billigeren oder den billigsten Anbieter verweisen.[275]

V. Fälligkeit und Verjährung

Die versicherte Leistung wird nach § 14 VVG mit Beendigung der zur Feststellung des Versicherungsfalls und des Umfangs der Leistung des Versicherers nötigen Erhebungen fällig. Angesichts der Komplexität bei der Beurteilung der medizinischen Notwendigkeit einer Heilbehandlung setzt dies oftmals die Einsichtnahme des Versicherers in die Krankenunterlagen voraus (§ 213 VVG). Demgemäß ist die versicherte Person im Rahmen des § 31 I VVG in der Regel verpflichtet, einzelne 185

271 Vgl. vertiefend hierzu MAH-VersR/*Schubach*, § 23 Rn. 333 ff.
272 BGH r+s 2015, 297.
273 Prölss/Martin/*Voit*, § 192 Rn. 156.
274 BGH NJW 2003, 1596.
275 BGH NJW 2017, 2408 Rn. 26, Hk-VVG/*Rogler*, § 192 Rn. 17.

behandelnde Ärzte von der Schweigepflicht zu entbinden.[276] Der Versicherer muss Gelegenheit haben, sich über alle wesentlichen objektiven Fakten der Behandlung selbst ein Bild zu verschaffen. Auf sein Verlangen muss sich die versicherte Person daher durch einen beauftragten Arzt untersuchen lassen (§ 9 III MB/KK 2009). Gemäß § 195 BGB verjähren die Ansprüche aus dem Krankenversicherungsvertrag in drei Jahren.

VI. Leistungsumfang

186 Der Umfang der Leistungspflicht des Versicherers folgt aus § 4 MB/KK 2009. Art und Höhe der Versicherungsleistungen ergeben sich nach § 4 I MB/KK 2009 aus dem Tarif des Versicherers mit den entsprechenden Tarifbedingungen. Die Tarife enthalten nähere Bestimmungen darüber, in welchem Umfang ärztliche und nicht ärztliche Behandlungsmaßnahmen, Arzneien und Verbandsmittel, Heil- und Hilfsmittel, Fahr- und Transportkosten, Entbindungs- und Hebammenkosten, bei Zahntarifen die zahnärztlichen Leistungen und die zahntechnischen Laborarbeiten und Materialien erstattungsfähig sind. Nach § 4 II MB/KK 2009 hat die versicherte Person die freie Wahl unter den niedergelassenen approbierten Ärzten und Zahnärzten.

---

[276] Hk-VVG/*Rogler*, MB/KK 2009 § 9 Rn. 4; zu generellen Ermächtigungsklauseln vgl. aber *BVerfG*, r+s 2007, 29.

Kapitel 7. Lebensversicherungsrecht

A. Systematische Einordnung und praktische Bedeutung

Hintergrund dieser Versicherung ist die Unsicherheit und Unberechenbarkeit des menschlichen Lebens.[277] Die Lebensversicherung dient zum einen der **Risikovorsorge für den Fall des Todes der versicherten Person**. Daneben bezweckt sie vielfach, zur eigenen **Altersversorgung** oder zur **Hinterbliebenversorgung** beizutragen. Es werden also zwei Altersrisiken abgedeckt: vorzeitiger Tod und Langlebigkeit.[278] Aus dieser Bedarfskombination erwächst eine erhebliche sozialpolitische Bedeutung. Ferner ergeben sich vielfältige Tarifvarianten und mögliche **Zusatzversicherungen** (z.B. gegen Berufsunfähigkeit oder bzgl. einer Pflegerente). 187

Es handelt sich jedoch stets um **Summenversicherungen**, d.h. die Versicherungsleistung besteht unabhängig von der konkreten Schadensentwicklung in einer der Höhe nach vereinbarten Geldsumme oder Rentenzahlung.[279]

Bei der **betrieblichen Altersversorgung** spielen Direktversicherungen eine wichtige Rolle. Hier schließt der Arbeitgeber den Vertrag als Versicherungsnehmer ab (vgl. auch § 166 IV VVG). Versicherte Person und im Erlebensfall bezugsberechtigt ist der Arbeitnehmer. Die Finanzierung der Versicherung erfolgt entweder durch den Arbeitgeber aufgrund einer Versorgungszusage im Arbeitsvertrag oder im Wege der Gehaltsumwandlung.[280] Die Einzelheiten regelt das Betriebsrentengesetz (BetrAVG). 188

Eine andere Form der betrieblichen Altersversorgung ist die unmittelbare Zusage (Direktzusage) des Arbeitgebers. Dabei beschafft er sich die Mittel zur Erfüllung der Zusage i.d.R. durch eine **Rückdeckungsversicherung**. d.h. eine (Kollektiv-)Lebensversicherung, die der Arbeitgeber auf das Leben der Arbeitnehmer abschließt.

Im Bereich der **Immobilienfinanzierung** ist die Koppelung des Darlehensvertrages mit einem Kapitallebensversicherungsvertrag weit 189

---

[277] VersRHdb/*Brömmelmeyer*, § 42 Rn. 1.
[278] MAH-VersR/*Leithoff*, § 25 Rn. 8.
[279] Vgl. allgemein hierzu Rn. 100.
[280] Zur steuerlichen Begünstigung vgl. § 3 Nr. 63 EStG.

verbreitet (vgl. auch Art. 247 § 8 I 1 EGBGB).[281] Dabei soll die bei Ablauftermin fällige Versicherungssumme zur Gesamttilgung des (endfälligen) Darlehens verwendet werden. Bis zu diesem Zeitpunkt muss der Versicherungsnehmer die Darlehenszinsen und die Versicherungsbeiträge aufbringen. Es kann sich hierbei um zusmmehängende Verträge i.S.d. § 360 BGB, § 9 II VVG handeln.[282] Sollte die prognostizierte Überschussbeteiligung nicht erreicht werden, besteht hinsichtlich des Darlehens die Gefahr einer Deckungslücke.

189a Eine weitere Form der Verknüpfung stellt die Kreditausfallsicherung durch Abschluss einer **Restschuldversicherung** dar, die an anderer Stelle bereits beschrieben wurde.[283]

189b Wegen der aktuellen **Niedrigzinsphase**[284] ist das Interesse am Neuabschluss einer Lebensversicherung zwar deutlich zurückgegangen. Angesichts eines Bestandes von mehr als 90 Mio. Verträgen und eines jährlichen Beitragsvolumens von ca. 92 Mrd. €[285] ist die wirtschaftliche Bedeutung der Lebensversicherung aber nach wie vor enorm.

B. Rechtsquellen

I. Europarechtliche Grundlagen

189c Europarechtliche Vorgaben existieren v.a. in Gestalt der **Richtlinie 2009/138/EG (Solvabilität II)**.[286] Sie betrifft primär das Versicherungsaufsichtsrecht. Für den Bereich des Vertragsrechts bei Lebensversicherungen enthält diese Richtlinie aber Regelungen über

– den Rücktritt des Versicherungsnehmers vom Vertrag binnen einer Frist von 14 bis 30 Tagen nach Abschluss sowie die Folgen dieses Rücktritts (Art. 186);
– Informationspflichten gegenüber dem Versicherungsnehmer vor Abschluss des Vertrages und während der Vertragslaufzeit (Art. 185).

II. Nationale Rechtsquellen

190 In den **§§ 150–171 VVG**, also im 5. Kapitel des 2. Teils, finden sich die gesetzlichen Regelungen zur Lebensversicherung. Sie verzichten

---

281 Zu den rechtlichen Grenzen vgl. BGH NJW 1988, 1318.

282 Zur Frage des verbundenen Vertrages i.S.v. § 358 III BGB vgl. BGH NJW 2015, 2014.

283 Vgl. oben Rn. 49a.

284 Der Garantiezins ist seit dem 1.1.2017 auf 0,9% begrenzt (§ 2 I DeckRV).

285 Prölss/Martin/*Schneider*, vor §§ 150–171 Rn. 9.

286 ABl. L 335 vom 25.11.2009, S. 1.

auf eine Typisierung, sondern beschränken sich auf einige vertragsrechtliche Besonderheiten und sind zum Großteil halbzwingend (§ 171 VVG). Darüber hinaus spielen natürlich die **Allgemeinen Versicherungsbedingungen für die Lebensversicherung (ALB 2016)** eine wichtige Rolle. Durch sie gewinnt das jeweilige Versicherungsprodukt, insbesondere das Leistungsversprechen des Versicherers, erst an Kontur.

Ferner bestehen umfangreiche **aufsichtsrechtliche Vorgaben**[287] für den Betrieb einer Lebensversicherung (§§ 8 IV 2, 138–145, 221–231 VAG), die ihrerseits zum Teil europarechtlich determiniert sind.

C. Arten der Lebensversicherung

Unterhalb des Begriffs der Lebensversicherung haben sich je nach verfolgtem Zweck verschiedene Versicherungsarten etabliert, bei denen der Gesetzgeber jedoch bewusst von einer Konkretisierung abgesehen und damit einer großen Gestaltungsfreiheit Raum gelassen hat. Nachfolgend werden die wichtigsten Arten dargestellt: 191

I. Risikoversicherung

Diese Versicherungen sind dadurch gekennzeichnet, dass die Erbringung der Versicherungsleistung davon abhängt, ob sich innerhalb eines bestimmten Zeitraums das versicherte Risiko verwirklicht. Dabei kann es sich um den auf einen Alterszeitraum begrenzten (vorzeitigen) **Todesfall** oder den auf einen bestimmten Zeitpunkt (Ablauftermin) datierten **Erlebensfall** des Versicherten handeln: 192

Todesfallversicherung	→ Versicherungsfall: Tod vor einem bestimmten Zeitpunkt
Erlebensfallversicherung	→ Versicherungsfall: Erleben eines bestimmten Zeitpunkts

Es handelt sich also um eine Versicherung mit **bedingter Leistungspflicht**. Tritt das jeweilige Risiko nicht ein, verfallen die Beiträge, sofern nicht eine (anteilige) Rückgewähr – ggf. an Hinterbliebene – vereinbart ist. Solche reinen Risikoversicherungen sind daher selten, häufiger kommen sie in Gestalt einer Restschuldversicherung bei der Kreditaufnahme vor.[288]

---

[287] Vgl. allgemein zum Aufsichtsrecht Rn. 24 ff. sowie vertiefend zur Lebensversicherung MüKo-VVG/*Heiss*/*Mönnich*, Vor §§ 150–171 Rn. 41 ff.

[288] Vgl. hierzu oben Rn. 49a.

II. Gemischte Versicherung

193 Die meisten Verträge **kombinieren Todes- und Erlebensfallversicherung** (siehe § 1 I ALB). Dabei wird die Versicherungssumme beim vorzeitigen Tod der versicherten Person fällig, spätestens aber bei Ablauf der vereinbarten Versicherungsdauer (meist dem Ende des Berufslebens). Insofern besteht eine **unbedingte Leistungspflicht** i.S.d. §§ 168 II, 169 I VVG, weil einer der beiden Fälle mit Gewissheit eintritt. Eine solche Versicherung wirkt – für die eigene Versorgung oder die der Hinterbliebenen – **kapitalbildend**. Die Todes- und Erlebensfallsumme ist nicht zwingend identisch. Im Übrigen besteht vielfach ein Wahlrecht zwischen Kapital- und Rentenzahlung.

194 Der Vertrag kann derart ausgestaltet sein, dass sich der Versicherungsnehmer mit dem Sparanteil seiner Beiträge an einem oder mehreren Investmentfondvermögen und dessen Wertentwicklung beteiligt (**fondsgebundene Lebensversicherung**). Zum Ablaufzeitpunkt erhält der Versicherungsnehmer den Kapitalmarktwert seiner Fondsanteile ausgezahlt, wobei eine Mindestleistung i.d.R. garantiert worden ist. Stirbt die versicherte Person vor dem Ablaufzeitpunkt, zahlt der Versicherer das angesammelte Deckungskapital aus.

III. Rentenversicherung

195 Hier besteht die Versicherungsleitung in der periodischen **Zahlung einer lebenslangen Rente** für den Fall, dass die versicherte Person den Versicherungsfall – also einen bestimmten Zeitpunkt – **erlebt**. Von diesem Zeitpunkt an trägt der Versicherer das Risiko der Langlebigkeit der versicherten Person. Wenn diese bereits kurz nach Beginn der Rentenzahlung verstirbt, wird die Rente häufig für einen bestimmten Zeitraum an einen Bezugsberechtigten oder Hinterbliebenen weiter geleistet (Rentengarantie).

D. Versicherte Person

196 Gemäß **§ 150 I VVG** kann sowohl der Versicherungsnehmer als auch ein anderer sog. **Gefahrperson** sein. Demnach vermag der Versicherungsnehmer sein eigenes Leben oder das einer anderen Person zu versichern. Der Abschluss einer Versicherung für den Fall des Todes eines anderen ist aber nur mit dessen schriftlicher Einwilligung möglich (§ 150 II 1 VVG). Denn die Spekulation mit dem Leben anderer soll unterbunden und die versicherte Person nicht ohne ihre Zustim-

mung einem möglicherweise erhöhten Sterblichkeitsrisiko ausgesetzt werden.[289]

Bei **Einwilligung** (§ 183 BGB) muss die versicherte Person den wesentlichen Vertragsinhalt kennen. Dazu gehören die Vertragsparteien, die Vertragsdauer, die Höhe der Versicherungssumme und der Bezugsberechtigte. Diese essentialia müssen darüber hinaus in der schriftlichen Einwilligung enthalten sein.[290] Eine Vollmacht für diese Einwilligung bedarf abweichend von § 167 II BGB ebenfalls der Schriftform.[291] Erklärungsempfänger der Einwilligung ist entweder das Versicherungsunternehmen oder der Versicherungsnehmer (§ 182 I BGB). Die Einwilligung ist bis zum Vertragsschluss widerruflich (§ 183 BGB). Wird der Lebensversicherungsvertrag ohne die erforderliche Zustimmung abgeschlossen, so ist er nach h.M. unheilbar nichtig.[292]

Beispiel: Der VN unterschreibt den Antrag auf Abschluss einer Lebensversicherung blanko und überlässt das Ausfüllen des Antrages einem anderen. Dies ist mit dem Handeln eines Vertreters vergleichbar. § 150 II 1 VVG ist daher analog anzuwenden, so dass eine schriftliche Einwilligung des VN erforderlich war.[293]

E. Besonderheiten bei Vertragsschluss und Kündigung

I. Vertragsschluss

An dieser Stelle soll kurz auf einige Besonderheiten hingewiesen werden, bei denen das Recht der Lebensversicherung von den oben (Kapitel 3 A.) dargestellten Grundsätzen zum Vertragsschluss abweicht. **197**

Vor Vertragsschluss treffen den Versicherer besondere **Informationspflichten**, die über § 7 VVG und § 1 VVG-InfoV hinausgehen. Gemäß **§ 2 VVG-InfoV** ist zusätzlich über die in die Prämie einkalkulierten Kosten, sonstige Kosten, Einzelheiten der Überschussermittlung und -beteiligung sowie über Rückkaufswerte[294] und garantierte Leistungen zu informieren. Angaben zur Höhe der möglichen Leistungen, die über das vertraglich Garantierte hinausgehen, hat der Versicherer anhand einer **Modellrechnung** darzustellen (§ 154 VVG, § 2 III VVG-InfoV). Ist die Lebensversicherung Teil einer Anlageberatung, sind

---

289 BGH NJW 1999, 950, 951; BGH NJW 1997, 2381, 2382.

290 BGH NJW 1999, 950, 952.

291 OLG Frankfurt r+s 1998, 126.

292 BGH NJW 1999, 950, 952; OLG Hamburg VersR 1966, 680; einschränkend Hk-VVG/*Brambach*, § 150 Rn. 21 ff. (schwebend unwirksam).

293 BGH NJW 1999, 950.

294 Vgl. zur Definition § 169 III 1 VVG.

auch die für **Kapitalanlagen** geltenden Aufklärungspflichten zu beachten.[295] Dies gilt insbesondere für fondsgebundene Lebensversicherungen, bei denen nach der vertraglichen Regelung die Absicherung des Todesfallrisikos gegenüber der Renditeerwartung von untergeordneter Bedeutung ist.[296]

Zum Schutz des Persönlichkeitsrechts der versicherten Person kann eine **ärztliche Untersuchung** zwar vereinbart, aber durch den Versicherer nicht erzwungen werden (§ 151 VVG).

Der **Widerruf** des Versicherungsnehmers kann abweichend von § 8 I VVG binnen 30 Tagen erfolgen (§ 152 I VVG).

Der gem. § 3 VVG auszustellende **Versicherungsschein** bildet ein qualifiziertes Legitimationspapier (§ 8 II ALB, § 808 BGB).[297] Die erste **Prämie** ist – abweichend von § 33 I VVG – 30 Tage nach Erhalt des Versicherungsscheins **fällig** (§ 152 III VVG).

II. Kündigung des Versicherungsnehmers

198 Ein **ordentliches Kündigungsrecht** des Versicherers besteht in der Lebensversicherung nicht.[298] Dagegen kann der Versicherungsnehmer jederzeit zum Schluss der laufenden Versicherungsperiode kündigen (§ 168 I VVG). Für die Kündigungserklärung ist in den AVB häufig Schriftform vorgesehen. § 171 S. 2 VVG stellt in dieser Hinsicht die speziellere Vorschrift gegenüber § 309 Nr. 13 lit. b BGB dar.[299]

Mit Wirksamkeit der Kündigung besteht ein Anspruch des Versicherungsnehmers auf Zahlung des **Rückkaufswertes** (§ 169 I VVG), sofern nicht eine reine Risikoversicherung vorliegt. Dem Versicherungsnehmer soll auf diese Weise der durch die Kapitalansammlung geschaffene Wert zukommen. Andererseits soll der Versicherer weder über seine bereits entstandenen Verpflichtungen hinaus belastet noch ihm gestattet werden, Vorteile aus der Tatsache der Kündigung zu ziehen.[300] Der Rückkaufwert richtet sich grundsätzlich nach dem Deckungskapital (bislang angesammelte Sparanteilen der Versicherungsbeiträge und Zinsen). Darüber hinaus enthält § 169 III–VI VVG eine Reihe unübersichtlicher Berechnungsvorgaben, deren Darstellung für Ausbildungszwecke nicht erforderlich erscheint. Da der Versiche-

---

[295] OLG Frankfurt BeckRS 2015, 09808; OLG Nürnberg BeckRS 2016, 12380.

[296] OLG Köln r+s 2016, 91.

[297] BGH NJW 2000, 2103, 2104; BGH NJW-RR 2009, 1327.

[298] Prölss/Martin/*Reiff*, § 166 Rn. 1. § 166 VVG gilt für die außerordentliche Kündigung.

[299] Prölss/Martin/*Schneider*, § 171 Rn. 3a m.w.N.

[300] BT-Drs. 16/3945, S. 52 f.

rungsnehmer in der Regel nicht oder nur in eingeschränktem Umfang über die entsprechenden Informationen verfügt, steht ihm ein Auskunftsanspruch gegen den Versicherer zu, wenn er einen höheren als den errechneten Rückkaufswert verlangen will.[301]

Anstelle der Kündigung kann der Versicherungsnehmer für den Schluss der laufenden Versicherungsperiode auch die vollständige oder teilweise **Befreiung von der Beitragszahlungspflicht** verlangen (§ 165 I VVG, § 13 ALB). Wenn die vereinbarte Mindestversicherungsleistung erreicht ist, bleibt der Versicherungsvertrag prämienfrei bestehen und die Versicherungsleistung ist neu zu berechnen (§ 165 II VVG). Anderenfalls ist der Rückkaufwert auszuzahlen (§ 165 I 2 VVG). **199**

III. Leistungsausschluss

Leistungsfreiheit besteht bei vorsätzlichem und selbstbestimmtem **Suizid** der versicherten Person innerhalb von 3 Jahren nach Vertragsschluss (§ 161 I VVG) und bei **vorsätzlicher Tötung** der versicherten Person durch den Versicherungsnehmer (§ 162 I VVG). Der Nachweis einer solchen Konstellation wird häufig anhand von Indizien erfolgen. **199a**

Beispiel: Für das Vorliegen einer vorsätzlichen Selbsttötung spricht es, wenn der Versicherte in seiner verschlossenen Wohnung erhängt aufgefunden wird, ohne dass Anhaltspunkte für ein Fremdverschulden vorliegen, der Versicherte seine Absicht, sich selbst zu töten, zuvor angekündigt hatte und außerdem nachvollziehbare Motive wie die Trennung vom Ehepartner für eine Selbsttötungsabsicht sprechen.[302]

F. Überschussbeteiligung

Neben der vertraglich zugesagten Versicherungssumme kommt der Kapitalbildung durch Überschussbeteiligung große wirtschaftliche Bedeutung zu. Der Versicherungsnehmer hat **von Gesetzes wegen einen Anspruch** (§ 153 I VVG) und er partizipiert neben den Bewertungsreserven in zweierlei Hinsicht an den (handelsrechtlich ermittelten) Überschüssen des Versicherers: Das betrifft zum einen die gem. § 138 I 1 VAG einkalkulierten, aber wegen guten Geschäftsverlaufs nicht benötigten Sicherheitszuschläge (unverbrauchte Prämien). Zum anderen sind hiervon die Erträge aus den Kapitalanlagen des Versicherers erfasst. Die Einzelheiten sind durch die Bedingungswerke ausgestaltet (§ 2 ALB) sowie aufsichtrechtlich v.a. in § 139 VAG geregelt. **200**

---

[301] BGH VersR 2014, 822.

[302] LG Saarbrücken BeckRS 2014, 22987.

Der Versicherer hat den Versicherungsnehmer jährlich über die Entwicklung seiner Ansprüche unter Einbeziehung seiner Überschussbeteiligung **zu informieren** (§ 155 VVG, § 6 I Nr. 3 VVG-InfoV).

G. Rechte Dritter an der Lebensversicherung

I. Bezugsberechtigung

1. Ausgangslage

201 Ohne zusätzliche Bestimmung steht der Anspruch auf die Versicherungsleistung dem Versicherungsnehmer zu. Verwirklicht sich mit seinem Tode der Versicherungsfall, so geht der Anspruch auf die Erben über (§ 1922 BGB).

2. Bezeichnung eines Dritten

202 Ein Lebensversicherungsvertrag kann jedoch als **Vertrag zugunsten Dritter** (§§ 328 ff. BGB) ausgestaltet sein. Das Gesetz bezeichnet den Dritten in **§ 159 I VVG** als Bezugsberechtigten. Während § 328 I BGB eine Vereinbarung zwischen Gläubiger und Schuldner voraussetzt, lässt die **Auslegungsregel** des § 159 I VVG eine einseitige empfangsbedürftige Willenserklärung des Versicherungsnehmers genügen. Diese Vorschrift kommt nur zur Anwendung, wenn und soweit der Erklärungswert etwaiger Vereinbarungen nicht eindeutig ist.

Will der Versicherungsnehmer eine dritte Person als bezugsberechtigt bezeichnen, verlangen die AVB hierfür häufig Textform (z.B. § 9 IV ALB). Das ist möglich, denn bei § 159 VVG handelt es sich um eine dispositive Norm (vgl. § 171 Satz 1 VVG). Hingegen kann die Schriftform nicht formularmäßig vereinbart werden (§ 309 Nr. 13 lit. b BGB).

Die Erklärung des Versicherungsnehmers über die Bezugsberechtigung führt zu eine inhaltlichen Änderung des Versicherungsvertrages und hat **Verfügungscharakter**.[303] Sie kann widerruflich oder unwiderruflich ausgestaltet sein (§ 159 II, III VVG).

In der gemischten Todes- und Erlebensfallversicherung[304] ist die Bezugs- und Anspruchsberechtigung i.d.R. geteilt.

Maßgeblicher Zeitpunkt für die **Auslegung** der Bestimmung des Bezugsberechtigten ist der der Festlegung, so dass später eintretende Umstände in der Regel unberücksichtigt bleiben.

---

[303] BGH NJW-RR 1989, 21; Prölss/Martin/*Schneider*, § 159 Rn. 5.
[304] Vgl. hierzu Rn. 193.

Beispiel: Die Erklärung des VN gegenüber dem Versicherer, im Falle seines Todes solle „der verwitwete Ehegatte" Bezugsberechtigter der Versicherungsleistung sein, ist auch im Fall einer späteren Scheidung der Ehe und Wiederheirat des VN regelmäßig dahin auszulegen, dass der mit dem VN zum Zeitpunkt der Bezugsrechtserklärung verheiratete Ehegatte bezugsberechtigt sein soll.[305]

3. Valutaverhältnis

Der Einräumung des Bezugsrechts durch den Versicherungsnehmer liegt ein **Kausalgeschäft** zugrunde. Dabei handelt es sich häufig um eine **Schenkung** (§ 516 BGB), unter Ehegatten ggf. um eine unbenannte Zuwendung.[306] Denkbar ist auch ein Sicherungsvertrag bei der Darlehensvergabe. **203**

Es ergibt sich im Verhältnis der Beteiligten wiederum eine **Dreieckskonstellation:**

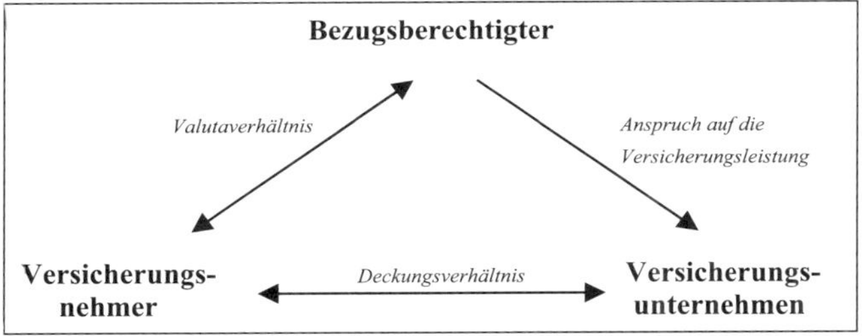

***Übersicht 23:** Bezugsberechtigung in der Lebensversicherung*

Da der Dritte der Bezugsrechtseinräumung nicht zustimmen muss, kommt der **Schenkungsvertrag** häufig erst dadurch zustande, dass der Versicherer als Bote des Versicherungsnehmers dessen Schenkungsangebot überbringt (vgl. § 130 II BGB) und der Bezugsberechtigte es durch Annahme der Versicherungssumme konkludent annimmt (postmortale Einigung, §§ 151 S. 1, 153 BGB).[307] Durch diese Bewirkung der Schenkung wird der Formmangel des Schenkungsvertrages geheilt (§ 518 II BGB). **204**

Beispiel: Der VN hatte das Bezugsrecht für die Todesfallleistung zunächst seiner Ehefrau eingeräumt. Nach Trennung von dieser änderte er die Bezugsberechtigung schriftlich zugunsten seiner neuen Lebensgefährtin. Wenig später

---

[305] BGH BeckRS 2015, 13681.
[306] BGH NJW 1995, 1082, 1084 f.; BGH NJW 1987, 3131, 3132.
[307] BGH NJW 2008, 2702; vgl. hierzu auch den Beispielsfall unten Rn. 213.

verstarb der VN, ohne ein Testament zu hinterlassen. Er ist also Kraft Gesetzes von seiner Ehefrau beerbt worden.[308] Die Lebensgefährtin wurde erst nach dem Tode des VN vom Versicherer über ihre Bezugsberechtigung informiert.

Im Valutaverhältnis zur Lebensgefährtin des VN kann das Zustandekommen eines Schenkungsvertrages verhindert werden, wenn die Botenmacht des Versicherers zur Übermittlung der Schenkungsofferte beseitigt wird, bevor diese der Bezugsberechtigten zugeht (§ 130 I 2 BGB). Hierzu muss der entsprechende Auftrag des Erblassers an den Versicherer widerrufen werden (§ 671 I BGB). Diese „Wettlauflösung" führt zu einer gewissen Zufälligkeit der Ergebnisse.[309]

204a Häufig räumen sich Ehegatten oder Partner einer nichtehelichen Lebensgemeinschaft in einer **verbundenen Lebensversicherung** als Versicherungsnehmer und versicherte Personen jeweils wechselseitig Bezugsrechte ein. Das Recht zum Widerruf einer einmal eingeräumten Bezugsberechtigung kann dann nur von beiden Versicherungsnehmern gemeinsam ausgeübt werden. Nach einer Trennung/Scheidung der Partner ist im Kausalverhältnis zu fragen, ob die Geschäftsgrundlage der wechselseitigen Bezugsberechtigung weggefallen ist.[310]

4. Anspruch des Dritten

205 Der **widerruflich** bezugsberechtigte Dritte kann gem. **§ 331 BGB** die Versicherungsleistung nach Eintritt des Versicherungsfalls unmittelbar vom Versicherer fordern. Der Anspruch fällt also **nicht in den Nachlass** des Versicherungsnehmers. Bis zum Eintritt des Versicherungsfalls hat der widerruflich Begünstigte kein Anwartschaftsrecht inne, sondern lediglich eine ungesicherte Aussicht.[311]

Wurde der Dritte hingegen als **unwiderruflich** bezugsberechtigt bezeichnet, so war der Anspruch bereits mit der Bezeichnung entstanden (§ 159 III VVG, § 9 II 4 ALB).

Der Leistungsumfang hängt vom Versicherungsvertrag und dessen Bedingungen ab.[312] Das ist wichtig, denn der Versicherungsnehmer behält auch bei unwiderruflicher Bezugsberechtigung sein Dispositionsrecht über den Versicherungsvertrag, kann ihn bspw. jederzeit kündigen oder die Laufzeit ändern.[313]

---

[308] Es wird unterstellt, dass § 1933 BGB nicht einschlägig ist.

[309] Kritisch daher *Leipold*, ZEV 2008, 395 f.

[310] BGH NJW-RR 2013, 404, 405.

[311] BGH NJW 1993, 1994, 1995.

[312] BGH NJW 1995, 1082, 1084.

[313] BGH NJW 1992, 2154, 2155. Bei widerruflichem Bezugsrecht steht der Rückkaufswert im Falle der Kündigung dem VN zu, anderenfalls dem unwiderruflich Bezugsberechtigten.

Es hat keinen Einfluss auf die Bezugsberechtigung, wenn der Dritte zugleich zum Erben des Versicherungsnehmers berufen war, die Erbschaft aber ausgeschlagen hat (§ 160 II 2 VVG).

Der Anspruch des Dritten ist hingegen ausgeschlossen, wenn er vorsätzlich und widerrechtlich den **Tod der versicherten Person herbeigeführt** hat (§ 162 II VVG). Dies dient dem Schutz der versicherten Person. Die Versicherungsleistung ist in solchen Fällen an denjenigen zu erbringen, der ohne das Bezugsrecht Inhaber des Anspruchs wäre, im Regelfall also an die Erben.[314] **206**

Bespiel: Fügt der Bezugsberechtigte der versicherten Person vorsätzlich eine Körperverletzung zu und verursacht deren Tod lediglich fahrlässig (§ 227 StGB), so bleibt die Bezugsberechtigung bestehen.

II. Abtretung und Pfändung

Neben der Einräumung eines Bezugsrechts kann der Anspruch des Versicherungsnehmers gegen den Versicherer auch **abgetreten** werden (§§ 398 ff. BGB), etwa im Wege der Sicherungszession. Das gilt jedoch mangels Verfügungsbefugnis nicht bei Einräumung eines unwiderruflichen Bezugsrechts.[315] Die Abtretung verlangt darüber hinaus gem. § 9 IV 1 ALB eine **Anzeige in Textform** gegenüber dem Versicherer. Ohne eine solche Anzeige ist die Abtretung gegenüber jedermann, d.h. absolut unwirksam.[316] **207**

Beispiel: Werden Ansprüche aus einer Lebensversicherung sicherungshalber für ein Darlehen abgetreten, dessen Rückzahlung aus der Versicherung erfolgen soll, so erfasst die Abtretung im Zweifel auch den Anspruch auf den Rückkaufswert. Bei Insolvenz des VN steht dem Sicherungsnehmer daher ein Absonderungsrecht am Rückkaufswert zu (§ 51 Nr. 1 InsO).[317]

Vollstreckungsgläubiger des Versicherungsnehmers können durch **Pfändungs- und Überweisungsbeschluss** (§§ 829 ff. ZPO) auf die Ansprüche aus einer Lebensversicherung zugreifen, sofern nicht ein unwiderrufliches Bezugsrecht besteht. Der Versicherer ist dann Drittschuldner. Besonderer Pfändungsschutz besteht für die in § 851c ZPO genannten Verträge. Er wird durch das Umwandlungsrecht gem. § 167 VVG flankiert. **208**

Allein durch die Vollstreckungsmaßnahme wird das Bezugsrecht eines Dritten noch nicht aufgehoben.[318] Mit der Überweisung gehen

---

[314] OLG Hamm NJW-RR 1987, 1170, 1172.

[315] OLG Frankfurt BeckRS 2006, 12473.

[316] BGH NJW 1991, 559.

[317] OLG Hamburg VersR 2008, 767.

[318] BGH r+s 2012, 347.

jedoch Gestaltungsrechte über, so dass der Vollstreckungsgläubiger ein widerrufliches Bezugsrecht ändern kann.[319] Der Dritte kann dies verhindern, indem er vom Eintrittsrecht nach § 170 VVG Gebrauch macht. Im Übrigen wird der Vollstreckungsgläubiger nicht auf den Versicherungsfall warten, sondern die Versicherung kündigen und den Rückkaufswert fordern.[320]

H. Lebensversicherung und Erbrecht

I. Zuordnung des Versicherungsanspruchs

209 Entscheidend ist stets die Frage, ob die Ansprüche aus der Lebensversicherung **in den Nachlass fallen**. Dies ist der Fall, wenn kein Dritter als Bezugsberechtigter bestimmt worden ist oder wenn die Versicherung auf das Leben eines anderen genommen worden ist[321] und dieser den Versicherungsnehmer überlebt hat. Dann stehen die Ansprüche den gesetzlichen oder testamentarischen Erben des Versicherungsnehmers zu (§ 1922 I BGB).

210 Besteht hingegen ein **Bezugsrecht**, so ist der Anspruch des Dritten vom Nachlass abgespalten. Bei einem unwiderruflichen Bezugsrecht entstand der Anspruch unmittelbar mit der Einräumung (§ 159 III VVG) und war – auch schon vor dem Versicherungsfall – seinerseits vererblich.

II. Letztwillige Verfügung

211 Eine widerrufliche Bezugsberechtigung kann der Versicherungsnehmer auch **durch Verfügung von Todes wegen ändern**. Diese Willenserklärung muss dem Versicherer jedoch vor Eintritt des Versicherungsfalls zugehen, um Wirkung zu entfalten.[322] Insoweit wurde § 130 II BGB durch § 9 IV 1 ALB abbedungen.[323]

212 **Ohne rechtzeitigen Zugang** divergieren der (im Valutaverhältnis) testamentarisch Berechtigte und der dem Versicherer gegenüber (im Deckungsverhältnis) benannte Bezugsberechtigte. Der im Deckungsverhältnis wirkungslose Widerruf wird aber i.d.R. als Rücknahme der Schenkungsofferte gegenüber dem ursprünglich Bezugberechten (Va-

---

[319] OLG Dresden OLGR 2007, 773; OLG Köln r+s 2003, 294.
[320] Vgl. hierzu Rn. 198.
[321] Vgl. hierzu Rn. 196.
[322] BGH NJW 1981, 2245; BGH NJW 1993, 3133.
[323] OLG Zweibrücken VersR 2007, 195; LG Dortmund ZEV 2008, 293.

lutaverhältnis) aufzufassen sein.[324] Das Testament muss dem Dritten, dessen Bezugsrecht widerrufen wird, nicht zugehen. Der Widerruf ist auch im Valutaverhältnis entsprechend § 332 BGB ohne Zugang wirksam.

Wenn der Versicherer mangels Kenntnis an den ursprünglichen Bezugsberechtigten leistet, wird er analog § 407 BGB frei.[325] Ist der testamentarisch Benannte zugleich Erbe, kann er gegen den Zahlungsempfänger aus **§ 812 I 1 BGB** vorgehen (Leistungskondiktion).[326] Anderenfalls ist die testamentarische Zuwendung als Vermächtnis (§ 2147 BGB) anzusehen, Kraft dessen im Verhältnis zum Erben ein Anspruch auf Abtretung des Kondiktionsanspruchs gegen den Bezugsberechtigten besteht.[327]

Diese auf den ersten Blick kompliziert erscheinende Rechtslage soll 213
abschließend durch einen Fall illustriert werden.

Fall – Änderung der Bezugsberechtigung:[328] Die VN'in hatte eine Lebensversicherung über 25.000,- € geschlossen und den B widerruflich als bezugsberechtigt eingesetzt. Dem Versicherungsvertrag lagen die ALB zugrunde, nach denen ein Widerruf der Bezugsberechtigung nur und erst dann wirksam wird, wenn er durch Anzeige gegenüber dem Versicherer in Textform erfolgt (§ 9 IV 1). Kurz vor ihrem Tod hatte die VN'in ein Testament errichtet, in dem es heißt:

„Meine Hündin Elly, zu Händen von Frau K, bekommt 10.000,- € aus meiner Lebensversicherung ...“

Nach dem Tod der VN'in erfährt B zunächst von dem Testament und später erstmals von der Bezugsberechtigung. Der Versicherer zahlte die Versicherungsleistung an B aus, bevor K ihn von dem Testament in Kenntnis setzte. K fordert nun von B die Herausgabe eines Teils der Versicherungssumme i.H.v. 10.000,- €.

Lösung: Ein Anspruch aus § 816 II BGB scheidet aus. Denn auf der Ebene des Versicherungsvertrags (Deckungsverhältnis) hatte der testamentarische Widerruf der Bezugsberechtigung des B keine Auswirkung, da er dem Versicherer erst nach dem Versicherungs-

[324] Staudinger/*Jagmann*, § 332 Rn. 5; *Schmalz-Brüggemann*, ZEV 1996, 84, 87.

[325] RGZ 154, 99, 109; BGH VersR 1963, 917, 920.

[326] OLG Jena NotBZ 2004, 108, 109; *Vollkommer*, ZEV 2000, 10, 11. Die Leistung liegt in der Einräumung der Bezugsberechtigung durch den VN.

[327] OLG Düsseldorf ZEV 1996, 142, 143; *Schmalz-Brüggemann*, ZEV 1996, 84, 87; a.A. MüKo-BGB/*Gottwald*, § 332 Rn. 3.

[328] Nach BGH NJW 1981, 2245.

fall (Tod der VN'in) zuging. Der Versicherer hat damit an den Berechtigten geleistet.

Ob B das Empfangene behalten darf, entscheidet sich jedoch nach dem Valutaverhältnis, hier mangels anderer Erkenntnisse einer Schenkung (§ 516 BGB). Die anderweitige testamentarische Zuwendung bedeutet auch aus der objektiven Sicht des B einen teilweisen Widerruf der mit der Bezugsrechtsbestimmung verbundenen Schenkungsofferte (§ 130 I 2 BGB). Insoweit konnte durch die Annahme des Geldes kein Schenkungsvertrag zustande kommen. In Höhe von 10.000,- € hat B die Versicherungssumme daher ohne Rechtsgrund erlangt. Somit steht den Erben der VN'in ein Anspruch aus § 812 I 1 BGB (Leistungskondiktion) zu. K wird man als eine mit einer Auflage (Mittelverwendung für ein Tier) belastete Vermächtnisnehmerin betrachten müssen.[329] Als solche kann sie von den Erben die Abtretung des Kondiktionsanspruchs verlangen (§§ 2147, 2174 BGB).

III. Pflichtteilsrecht

213a Wenn nach dem Tode des Versicherungsnehmers Pflichtteilsansprüche bestehen (§ 2303 BGB), so löst ein schenkweise eingeräumtes und im Todeszeitpunkt noch existierendes Bezugsrecht einen **Pflichtteilsergänzungsanspruch (§ 2325 I BGB)** aus. Für dessen Berechnung ist i.d.R. auf den Rückkaufswert im Todeszeitpunkt abzustellen.[330]

---

[329] Vgl. hierzu Palandt/*Weidlich*, BGB, 79. Aufl. 2020, § 2192 Rn. 3.
[330] BGH NJW 2010, 3232; OLG Düsseldorf ZEV 2012, 105.

Kapitel 8. Versicherungen im Prozess

A. Vorbemerkung

Die vielfältige Verbreitung von Versicherungsverträgen wirkt sich auch auf den Zivilprozess aus. An solchen Verfahren können Versicherer unmittelbar beteiligt sein oder sie wirken im Hintergrund mit. 214

In diesem Kapitel werden die prozessualen Besonderheiten dargestellt, die sich aus der **Beteiligung eines Versicherers** ergeben. Für das Verständnis sind Grundkenntnisse im Zivilverfahrensrecht erforderlich. Hierzu muss auf die einschlägige Ausbildungsliteratur verwiesen werden.[331]

B. Rechtsschutzversicherung

I. Wirtschaftliche Bedeutung und Einordnung

Ein Zivilprozess ist für die Parteien **mit erheblichen Kosten verbunden**. Der Kläger hat einen Gerichtskostenvorschuss zu leisten (§§ 12, 22 I GKG), den er im Obsiegensfalle beim Beklagten liquidieren kann. Hinzu kommen die Vergütung der beauftragten Rechtsanwälte (§§ 675 I, 611 II BGB, RVG) sowie die Kosten einer möglichen Beweisaufnahme, insbes. Auslagen für Zeugen und Sachverständige (§§ 401 f. ZPO, JVEG). 215

Diese Kosten hat die Partei aus ihrem eigenen Vermögen aufzubringen. Nur unter den Voraussetzungen der §§ 114 ff ZPO kann ihr Prozesskostenhilfe gewährt werden.

Daher liegt es nahe, sich gegen die mit einer Prozessführung verbundene Vermögensbelastung zu versichern. Hierfür stehen Rechtsschutzversicherungen als **Vermögensschadensversicherungen** zur Verfügung. Ihre Bedeutung für Rechtsanwälte und Mandanten ist immens: Nach den Angaben des GDV für 2018 haben die Rechtsschutzversicherungsunternehmen Leistungen von ca. 2,8 Mrd. € pro Jahr erbracht.

---

[331] Vgl. etwa *Musielak/Voit*, Grundkurs ZPO, 15. Aufl. 2020; *Pohlmann*, Zivilprozessrecht, 4. Aufl. 2018.

Die Rechtsschutzversicherung deckt nicht alle Gefahren rechtlicher Auseinandersetzungen. Vielmehr sind je nach Police und Bedingungswerken[332] nur einzelne Rechtsgebiete – ggf. auch in Paketen zusammengefasst – versichert (z.B. Verkehrsrechtsschutz, Arbeitsrechtsschutz). Andere Bereiche, wie etwa bauliche Maßnahmen auf einem Grundstück des Versicherungsnehmers, genießen grundsätzlich keinen Versicherungsschutz (Ziff. 3.2.2 ARB; sog. Baurisikoklausel). An dieser Stelle sei aber nochmals darauf hingewiesen, dass die Anwalts- und Prozesskosten zur Abwehr eines von dritter Seite geltend gemachten Schadensersatzanspruchs zur Haftpflichtversicherung gehören.[333]

216 Die Leistungspflicht des Versicherers ist davon abhängig, ob die Wahrnehmung der rechtlichen Interessen des Versicherungsnehmers **hinreichende Aussicht auf Erfolg** bietet (Ziff. 3.4.1.1 ARB; vgl. ferner § 128 VVG). Es gelten hier ähnliche Kriterien wie für die Bewilligung von Prozesskostenhilfe gem. § 114 I 1 ZPO.[334] Darüber hinaus darf der durch die Wahrnehmung der rechtlichen Interessen voraussichtlich entstehende Kostenaufwand unter Berücksichtigung der berechtigten Belange der Versichertengemeinschaft nicht in einem groben Missverhältnis zum angestrebten Erfolg stehen (Ziff. 3.4.1.2 ARB).

Beispiel: Die Rechtsverfolgung ist mutwillig, wenn sie dem VN keinen wirtschaftlichen Vorteil bringt, weil die Vermögenslosigkeit des Schuldners bereits feststeht.[335]

216a Soweit die Kosten der Rechtverfolgung oder -verteidigung von einer Versicherung gedeckt wären, liegt keine Bedürftigkeit im Sinne der **Prozesskostenhilfe** vor und ein entsprechender Antrag ist abzulehnen.[336]

217 Der **Versicherungsschutz** umfasst insbes. die gesetzliche Vergütung des für den Versicherungsnehmer tätigen Rechtsanwalts (Ziff. 2.3.1.2 ARB), die Verfahrenskosten (Ziff. 2.3.3.1 ARB) und die Kosten des Gegners, soweit sie der Versicherungsnehmer zu erstatten hat (Ziff. 2.3.3.3 ARB). Außerdem sind bis zu drei Zwangsvollstreckungsmaßnahmen je Titel abgedeckt (Ziff. 2.3.3.1 und 3.3.5 ARB).

---

332 Allgemeine Rechtsschutzbedingungen (ARB 2019).
333 Vgl. hierzu Rn. 146.
334 BGH NJW 1988, 266; OLG Hamm r+s 1989, 190.
335 LG Hamburg r+s 1990, 164.
336 LAG Berlin-Brandenburg BeckRS 2014, 68739.

II. Rechtsbeziehungen der Beteiligten und prozessuale Mitwirkung

218 Durch Übernahme der Rechtsschutzkosten entsteht **keine unmittelbare Rechtsbeziehung zwischen Anwalt und Versicherer**. Sein Auftraggeber bleibt der Versicherungsnehmer.[337] Wenn der Versicherer einen Anwalt für den Versicherungsnehmer auswählt (Ziff. 4.1.3 ARB), dann handelt er als dessen Vertreter. Der Anwalt erwirbt hierdurch keinen eigenen Gebührenanspruch gegen den Versicherer; die Deckungszusage stellt gegenüber dem Versicherungsnehmer jedoch eine auf Freistellung gerichtete Erfüllungsübernahme i.S.v. § 329 BGB dar.[338] Überlässt der Versicherungsnehmer – wie üblich – dem Anwalt die Korrespondenz mit dem Versicherer, muss er sich im Rahmen der vertraglichen Obliegenheiten das Verhalten des Anwalts zurechnen lassen (Repräsentantenstellung bzw. Wissenserklärungsvertreter analog § 166 I BGB; vgl. auch Zifer 4.1.6 ARB).[339]

Beispiel: Versäumt es der beauftragte Rechtsanwalt, vor einer kostenauslösenden Maßnahme die Entscheidung des Versicherers abzuwarten, kann sich dieser gegenüber dem VN auf seine Leistungsfreiheit berufen (Ziff. 4.1.2 ARB).

219 An einem mit Kostendeckung geführten Zivilprozess ist der Versicherer nicht beteiligt. Die Kostenübernahme hat aber in vielfältiger Weise **mittelbaren Einfluss auf das Prozessverhalten** der Parteien. Klagen mit erheblichem Prozessrisiko würden vermutlich in geringerem Maße erhoben, wenn sie selbst finanziert werden müssten. Auch bei gerichtlichen Vergleichsverhandlungen (vgl. § 278 I ZPO) fallen die drohenden Kosten einer Beweisaufnahme weit weniger ins Gewicht als üblich, wenn hierfür ein Rechtsschutzversicherer einsteht. Beim Abschluss eines solchen **Prozessvergleichs** ist im Übrigen darauf zu achten, dass die vereinbarte Kostenquote dem Durchdringen bzw. Nachgeben in der Hauptsache entspricht (Vergleichsquote, Ziff. 3.3.2 ARB).[340] Dem Gegner dürfen also keine unnötigen Zugeständnisse zu Lasten des Versicherers gemacht werden. Es handelt sich hier aber um eine rein versicherungsvertragliche Frage, die die Wirksamkeit des Vergleichs nicht berührt. Bei Unsicherheit über die vom Versicherer zu tragenden Kostenanteile werden Vergleiche daher meist unter Widerrufsvorbehalt geschlossen.

219a Wenn und soweit der Versicherer die Kosten der Prozessführung übernommen hat, geht ein **Kostenerstattungsanspruch des Versiche-**

---

[337] OLG Saarbrücken NJW-RR 2008, 696, 697.

[338] VersRHdb/*Obarowski*, § 37 Rn. 600.

[339] LG Hannover r+s 2001, 29; vgl. allgemein hierzu Rn. 96 ff.

[340] Vgl. hierzu näher BGH VersR 1977, 809.

rungsnehmers gegen den Prozessgegner auf den Versicherer über (§ 86 I VVG, Ziff. 4.1.8 ARB).

C. Klagen gegen den eigenen Versicherer (Deckungsprozess)

I. Einordnung

220 Es geht in diesem Abschnitt um Klagen des Versicherungsnehmers gegen den Versicherer auf Leistung – i.d.R. Geldzahlung – **aus dem Versicherungsverhältnis**. Die materiellen Voraussetzungen solcher Ansprüche sind in den vorherigen Kapiteln erläutert worden. Dies gilt insbes. für das Trennungsprinzip und seine Ausnahmen im Rahmen der Haftpflichtversicherung.[341] Nachfolgend werden einige prozessuale Besonderheiten behandelt.

II. Prozessuale Besonderheiten

1. Gerichtsstand

221 Für Klagen gegen den Versicherer ist nach allgemeinen Regeln ein Gerichtsstand an dessen Sitz (§ 17 I ZPO) sowie am Ort der Niederlassung, bei der der Versicherungsvertrag geschlossen wurde (§ 21 I ZPO), eröffnet. **§ 215 I 1 VVG** begründet einen zusätzlichen Gerichtsstand am Wohnsitz des Versicherungsnehmers bzw. bei juristischen Personen an deren Sitz.[342] Insofern hat der Kläger die Wahl (§ 35 ZPO). § 215 I 1 VVG ist nach h.M. bei der Fremdversicherung und Klagen der versicherten Person sowie bei Klagen des Bezugsberechtigten einer Lebensversicherung entsprechend anwendbar, wenn diese Verbraucher sind.[343]

Die Vorschrift gilt jedoch nicht für die Klage eines Insolvenzverwalters über das Vermögen des Versicherungsnehmers.[344]

2. Feststellungsklage

222 Im Versicherungsrecht wird der Feststellungsklage (§ 256 I ZPO) eine weitergehende Zulässigkeit eingeräumt als in sonstigen Rechtsge-

---

[341] Vgl. hierzu Rn. 134 ff.

[342] Zur Anwendung auf juristische Personen vgl. BGH NJW 2018, 232.

[343] OLG Oldenburg NJW 2012, 2894; LG Saarbrücken NJW-RR 2011, 1600; Hk-VVG/*Muschner*, § 215 Rn. 12; a.A. LG Limburg VersR 2012, 889.

[344] OLG Hamm NZI 2014, 182; Prölss/Martin/*Klimke*, § 215 Rn. 22a.

bieten. Das gilt insbesondere, wenn ohne weiteres auch eine Leistungsklage gegen den Versicherer hätte erhoben werden können (Problem des Feststellungsinteresses). Die Versicherung unterliegt der Aufsicht und es kann angenommen werden, dass sie bei einer Verurteilung auf die Feststellungsklage hin eine bedingungsgemäße Regulierung vornehmen wird, ohne dass es eines auf Zahlung gerichteten Vollstreckungstitels bedarf.[345]

Bevor das Bestehen eines Schadensersatzanspruchs rechtskräftig feststeht, kann der Versicherungsnehmer gegen seinen Haftpflichtversicherer nur auf Feststellung klagen, dass ihm Versicherungsschutz zu gewähren ist, nicht aber auf Befriedigung des Schadensersatzgläubigers.[346] **222a**

3. Beweisfragen

a) Beweislast und Beweismittel

Die tatsächlichen Voraussetzungen des Versicherungsanspruchs hat der Versicherungsnehmer im Prozess darzulegen und – sofern sie bestritten sind – zu beweisen. Ihn trifft die **Beweislast**. Demgegenüber muss der Versicherer die Voraussetzungen eines Leistungsausschlusses (z.B. nach §§ 81, 103 VVG)[347] oder einer Leistungsbegrenzung beweisen. Zulässig sind alle Strengbeweismittel, besondere Bedeutung haben naturgemäß Zeugen- und Sachverständigenbeweis. Vorgerichtlich durch den Versicherer eingeholte Privatgutachten (z.B. zu medizinischen Fragen oder zu Gebäudeschäden) können als urkundlich belegter qualifizierter Parteivortrag in den Prozess eingeführt werden.[348] **223**

b) Beweiserleichterungen

In Versicherungsprozessen spielen verschiedene Erleichterungen der Beweisführung eine große Rolle. Das gilt insbesondere für die Substantiierungslast der nicht beweispflichtigen Partei hinsichtlich solcher Umstände, die ihren eigenen Wahrnehmungsbereich betreffen und über die der Gegner keine Kenntnis haben kann (sog. **sekundäre Darlegungslast**).[349] Betroffen sind hier v.a. innere und negative Tatsachen. **224**

---

[345] BGH NJW 1999, 3774, 3775; BGH NJW-RR 1994, 343, 344.

[346] OLG Hamm VersR 2016, 588. Zum Trennungsprinzip in der Haftpflichtversicherung vgl. oben Rn. 134 ff.

[347] Vgl. hierzu oben Rn. 110 ff. und 156 ff.

[348] BGH NJW 1993, 2382, 2383.

[349] *Jäckel*, Rn. 36 f.

Beispiele: Die Voraussetzungen der Arglistanfechtung eines Lebensversicherungsvertrages (§ 22 VVG, § 123 BGB) muss der Versicherer beweisen. Jedoch hat der VN plausibel darzulegen, wie es zu den objektiv falschen Angaben über seinen Gesundheitszustand gekommen ist.[350]

Mach der Versicherer eine Obliegenheitsverletzung wegen nicht fristgerechter Absendung einer Anzeige geltend, hat der VN die näheren Umstände des Absendevorgangs (Zeit, Ort) darzulegen.[351]

Ferner hat die Beweisführung mittels **Indizien** (Hilfstatsachen) Bedeutung. Auch hier geht es um die Vermeidung unbilliger Härten, wenn sich ein Geschehen außerhalb des Einflussbereichs der beweisbelasteten Partei abgespielt hat.[352]

Beispiel: Für die Frage, ob ein Gebäudebrand auf einer Eigenbrandstiftung des VN beruht (§ 81 VVG) sind auch dessen wirtschaftliche Verhältnisse und eventuelle Brandschäden in der Vergangenheit zu berücksichtigen.[353]

Für den Bereich der **Kraftfahrzeug-Schadensversicherung** (Kaskoversicherung) hat die Rechtsprechung zu den sog. **Entwendungsfällen** darüber hinaus ein abgestuftes Beweismodell entwickelt.[354] Es soll dem Umstand Rechnung tragen, dass der Versicherungsnehmer für den Nachweis des Diebstahls häufig keine Beweismittel – insbesondere keine Zeugen – zur Verfügung hat. Damit steht der praktische Nutzen einer Versicherung gegen Diebstahl in Frage. Daher hat der Versicherungsnehmer zunächst einen Sachverhalt nachzuweisen, der seinem **äußeren Bild** nach mit hinreichender Wahrscheinlichkeit für einen Diebstahl des Fahrzeugs spricht.[355]

Beispiele: Nichtauffindbarkeit des verschlossen Fahrzeugs am Abstellort; Einbruchspuren am Fahrzeug.

Sodann muss der Versicherer die erhebliche Wahrscheinlichkeit eines vorgetäuschten Versicherungsfalles beweisen.[356] Hierzu werden in aller Regel Indizien herangezogen.

Beispiele: Wiederholt unrichtige Angaben des VN in Versicherungsangelegenheiten; Fehlen des Originalschlüssels ohne plausible Erklärung.

Gelingt dies dem Versicherer nicht, dann steht ein Entwendungsfall (Versicherungsfall) fest.

---

[350] BGH NJW-RR 2008, 343.
[351] VersRHdb/*v.Rintelen*, § 23 Rn. 89a.
[352] *Jäckel*, Rn. 168.
[353] BGH NJW-RR 2007, 312, 314.
[354] Vgl. näher hierzu *Jäckel*, Rn. 739 ff.
[355] BGH NJW-RR 1993, 797.
[356] BGH NJW-RR 1993, 720.

Bei den Voraussetzungen eines Leistungsausschlusses oder einer Leistungsbegrenzung können dem Versicherer die Grundsätze des **Anscheinsbeweises** zugute kommen. 224a

Beispiel: Alkoholbedingte absolute Fahruntüchtigkeit des VN lässt deren Ursächlichkeit für einen Verkehrsunfall vermuten.[357] Zugleich ist regelmäßig eine grob fahrlässige Herbeiführung des Versicherungsfalls anzunehmen (§ 81 II VVG).

4. Selbständiges Beweisverfahren

Denkbar und in der Praxis nicht selten sind selbständige Beweisverfahren des Versicherungsnehmers als Antragsteller gegen den Versicherer als Antragsgegner. Meist geht es um eine Unfallversicherung. Das für die Antragstellung erforderliche rechtliche Interesse wird im Allgemeinen weit ausgelegt. Darüber hinaus ist ein Teil der obergerichtlichen Rechtsprechung der Meinung, dass der Zustand einer Person i.S.v. **§ 485 II 1 Nr. 1 ZPO** auch den Grad der Invalidität des Versicherungsnehmers umfasst.[358] 224b

D. Klagen gegen den gegnerischen Versicherer (Haftpflichtprozess)

I. Anwendungsbereich

Klagen des Geschädigten gegen den Haftpflichtversicherer des Schädigers kommen grundsätzlich nur in Betracht, wenn ein **Direktanspruch** besteht.[359] In Praxis und Ausbildung betrifft dies insbesondere die Geltendmachung von Schadensersatzansprüchen aus **Verkehrsunfällen mit Kraftfahrzeugen**. Infolge der gesetzlichen Versicherungspflicht (§ 1 PflVG) gilt hier **§ 115 I 1 Nr. 1 VVG**.[360] 225

II. Prozessuale Besonderheiten

1. Parteien des Rechtsstreits und Gerichtsstand

Solche Klagen müssten wegen des Wahlrechts nach § 421 BGB nicht zwingend gegen den Haftpflichtversicherer gerichtet werden. Allerdings ist dies der Schuldner, dessen Zahlungsfähigkeit gesichert erscheint und gegen den im Fall der Verurteilung regelmäßig keine 226

---

[357] OLG Düsseldorf r+s 2008, 9.

[358] OLG Nürnberg NJW-RR 2015, 160; OLG Köln OLGR 2006, 58.

[359] Vgl. zu einer Ausnahme Rn. 142a.

[360] Vgl. hierzu Rn. 140 ff.

Zwangsvollstreckung geboten ist. Neben dem Versicherer wird die Klage in den meisten Fällen auch gegen den **Halter** und – sofern nicht identisch – gegen den am Unfall beteiligten **Fahrzeugführer** gerichtet (subjektive Klagehäufung). Aufgrund ihrer Parteistellung können die zuletzt genannten Personen dann nicht als Zeugen des Unfallgeschehens vernommen werden.

Prozesssituation:

Beklagter 1) → Fahrzeughalter *(Anspruch aus § 7 I StVG)*

Beklagter 2) → Fahrzeugführer *(Anspruch aus § 18 I StVG)*

Beklagter 3) → Haftpflichtversicherer *(Anspruch aus § 115 I 1 Nr. 1 VVG)*

Die Beklagten sind im Verhältnis zueinander **einfache Streitgenossen** (§§ 59, 60 ZPO), d.h. sie vertreten sich nicht gegenseitig im Prozess.[361] Das ist insbes. bei Säumnis und Rechtsmitteleinlegung wichtig. Wird ein Rechtsanwalt – wie häufig – für alle Beklagten tätig, erhält er seine Gebühren nur einmal, jedoch mit erhöhtem Satz (§ 7 RVG, Nr. 1008 VV RVG).

Der **besondere Gerichtsstand** nach § 32 ZPO, § 20 StVG gilt auch für die gegen den Versicherer gerichtete Direktklage.[362]

2. Widerklage

227 Nach einem Verkehrsunfall rühmen sich nicht selten beide Unfallgegner eines Ersatzanspruchs. Ist der beklagte Halter zugleich Eigentümer und beansprucht er seinerseits Schadensersatz aus § 7 I StVG, so kann er die Klage mit einer Widerklage kontern. Auch diese Widerklage wird sich zumeist zusätzlich gegen den Haftpflichtversicherer des Klägers richten. Ferner kann ein vom Kläger abweichender Fahrzeugführer aus § 18 I StVG in Anspruch genommen und dadurch als Zeuge ausgeschaltet werden. Insoweit lagen noch keine Prozessrechtsverhältnisse vor und es handelt sich jeweils um eine sog. **Drittwiderklage**.

Dies führt auf Klägerseite zu einer Parteierweiterung und zu einfacher Streitgenossenschaft (§§ 59, 60 ZPO).[363] Der Rechtsprechung des *BGH* zufolge ist die Situation **mit einer Klageänderung vergleichbar**, so dass darüber hinaus entweder die Einwilligung des Drittwider-

[361] BGH NJW 2019, 3788 Rn. 16; BGH NJW 1974, 2124; MüKo-ZPO/*Schultes*, § 62 Rn. 16 m.w.N.

[362] BGH NJW 1983, 1799.

[363] Thomas/Putzo/*Hüßtege*, § 33 Rn. 11 f.

beklagten oder Sachdienlichkeit vorliegen müssen (§ 263 ZPO analog).[364] Im Übrigen gelten die §§ 33, 261 II ZPO nur für die Widerklage gegen den Kläger, nicht für die Drittwiderklage gegen dessen Haftpflichtversicherer.[365]

3. Beweisfragen

Die tatsächlichen Voraussetzungen des Ersatzanspruchs – also den **228**
Unfallhergang und seine Folgen – hat der klagende Geschädigte darzulegen und zu beweisen. Auf der Ebene der **Sachverhaltsdarlegung** kann sich der beklagte Haftpflichtversicherer über klägerische Behauptungen zum Unfallhergang grundsätzlich nicht gem. § 138 IV ZPO mit Nichtwissen erklären.[366] Denn hierüber kann er beim Versicherungsnehmer bzw. dem Fahrzeugführer Erkundigungen einholen.

Kommt ein gestellter Verkehrsunfall in Betracht, hat wiederum der **Indizienbeweis** große Bedeutung erlangt.

Beispiel: Eine entlegene Örtlichkeit, fehlende Zeugen, die Bekanntschaft von Schädiger und Geschädigtem, ein nahezu wertloses Schädigerfahrzeug oder dessen Erwerb kurz vor dem Unfall können für die Frage herangezogen werden, ob die Beteiligten einen Unfall lediglich zulasten der Versicherung fingieren wollten.[367]

Verkehrsunfallprozesse sind im Übrigen klassische Anwendungsfelder des **Anscheinsbeweises**. Hier wird bei einem typischen Geschehensablauf aufgrund der Lebenserfahrung auf den konkreten Hergang des konkreten Falles geschlossen. Dies betrifft den Bereich der Beweiswürdigung (§ 286 I ZPO).[368] Die beweispflichtige Partei kann sich zunächst auf einen Anscheinsbeweis berufen. Der Gegner muss diesen erschüttern, indem er die ernsthafte Möglichkeit eines anderen Geschehensablaufs darlegt und im Bestreitensfalle beweist.

Beispiele: Der Heckaufprall auf ein vorausfahrendes Fahrzeug spricht in einer „Standardsituation" für einen Verstoß des Hintermannes gegen § 4 I 1 StVO.[369]

Aus Schnittverletzungen am Kopf durch einen Aufprall gegen die Frontscheibe kann darauf geschlossen werden, dass der betroffene Fahrzeuginsasse nicht angeschnallt war.[370]

---

[364] BGH NJW 1975, 1228, 1229; BGH NJW 1996, 196.
[365] BGH NJW-RR 2008, 1516, 1517.
[366] BGH NJW 2019, 3788 Rn. 18 f.; OLG Frankfurt VersR 1974, 585.
[367] *Jäckel*, Rn. 168.
[368] *Jäckel*, Rn. 750 ff.
[369] BGH NJW-RR 2007, 680, 681 m.w.N.
[370] BGH NJW 1991, 230, 231.

229 Für den ursächlichen Zusammenhang zwischen einer Rechtsgutsverletzung und dem eingetretenen Schaden (haftungsausfüllende Kausalität) gilt die Beweiserleichterung des **§ 287 I ZPO**. Ebenso bedeutsam ist diese Vorschrift im Haftpflichtprozess für die Berechnung der Schadenshöhe und die Bemessung des Schmerzensgeldes (§ 253 BGB).

Anwendungsbeispiele: Ursächlichkeit einer Körperverletzung für die Arbeitsunfähigkeit des Unfallgegners, Nutzungsausfallentschädigung bei Fahrzeugschäden, Haushaltsführungsschaden bei Personenverletzung.

§ 287 ZPO befreit das Gericht vom Grundsatz der Ausschöpfung aller angebotenen Beweismittel. Es entscheidet selbst, ob und inwieweit es förmlich Beweis erhebt. Darüber hinaus gilt ein gegenüber § 286 I 1 ZPO reduziertes Beweismaß. Es genügt, dass für die behauptete Tatsache eine überwiegende Wahrscheinlichkeit spricht.[371]

4. Rechtskrafterstreckung

230 Die **subjektive Rechtskraft** eines Urteils wirkt grundsätzlich nur zwischen den Parteien und deren Rechtsnachfolgern (§ 325 I ZPO). Für den Fall, dass der Geschädigte – trotz möglichen Direktanspruchs – nur gegen den Schädiger (Versicherungsnehmer) oder nur gegen den Haftpflichtversicherer klagt, trifft **§ 124 I VVG** eine wichtige von § 425 II BGB abweichende Sonderregelung: ein **klageabweisendes Urteil** wirkt auch zugunsten des am Prozess nicht beteiligten Versicherungsnehmers bzw. Versicherers. Eine spätere Klage gegen diesen anderen Schuldner wäre also unzulässig. Diese Regelung dient in erster Linie der Rechtssicherheit des Versicherers. Er liefe Gefahr, aufgrund seiner Deckungspflicht doch herangezogen zu werden, wenn später der Versicherungsnehmer verurteilt würde.[372]

Beispiel: Ein mit seiner Klage auf Schadensersatz gegen den Versicherer wegen Verjährung (*§ 115 II VVG*) abgewiesener Geschädigter kann nicht mehr mit Erfolg gegen den Schädiger klagen.[373]

Die **Stattgabe der Klage** gegen den direkt in Anspruch genommenen Haftpflichtversicherer bindet auch den Versicherungsnehmer im Hinblick auf einen Rückgriff im Innenverhältnis (§§ 124 II, 116 I 2 VVG).[374]

---

371 *Jäckel*, Rn. 811 ff.
372 BGH NJW 1982, 999 f.
373 BGH NJW-RR 2003, 1327.
374 Vgl. zur Haftungsverteilung im Innenverhältnis oben Rn. 142.

5. Exkurs: Internationale Bezüge

Kommt es im **Inland** zu einem Unfall, bei dem der **Gegner im Ausland haftpflichtversichert** ist, kann der Direktanspruch aus § 115 I VVG gegen das Deutsche Büro Grüne Karte e.V. gerichtet werden. Dieser Verein[375] – eine Gemeinschaft der in Deutschland zum Geschäftsbetrieb befugten Versicherer – hat gem. § 2 I lit. b AuslPflVG die Haftpflichtdeckung neben dem ausländischen Versicherer übernommen und kann als dessen Prozessstandschaftler verklagt werden.[376] Voraussetzung ist, dass für das ausländische Fahrzeug entweder eine Versicherungsbescheinigung („Grüne Karte") mitgeführt wird oder dass dieses Fahrzeug das Kennzeichen eines EWR-Staates führt (§§ 1 II, 8a I AuslPflVG). 231

Beispiel: Ein Franzose verursacht mit seinem in Frankreich zugelassenen und versicherten Fahrzeug einen Verkehrsunfall in Baden-Baden. Der Geschädigte kann seine Direktklage gegen das Deutsche Büro Grüne Karte e.V. und gegen den französischen Versicherer richten. Die materiellen Voraussetzungen und Folgen der Haftung richten sich nach deutschem Recht (Art. 40 I EGBGB).[377]

Würde *nur* der ausländische Versicherer verklagt, bestünde hierfür auch ein Gerichtsstand am Wohnsitz des Geschädigten (Art. 11 II, 9 I lit. b EuGVVO).[378]

Bei einem Verkehrsunfall **im Ausland zwischen deutschen Staatsbürgern** und deren Fahrzeugen ist deutsches Haftungsrecht anzuwenden, wenn die Beteiligten ihren gewöhnlichen Aufenthalt in Deutschland haben (Art. 40 II 1 EGBGB).[379] Der Versicherungsschutz der Kfz-Haftpflichtversicherung erstreckt sich auf ganz Europa (Ziff. A.1.4.1 AKB). Das gilt auch für den Direktanspruch des Geschädigten (Art. 40 IV EGBGB). Ein Gerichtsstand nach § 32 ZPO, § 20 StVG kommt hier nicht in Betracht.[380] Im Falle einer Klage gegen den Halter und den Versicherer fehlt es daher häufig an einem gemeinsamen Gerichtsstand, so dass eine Bestimmung nach § 36 I Nr. 3 ZPO zu erfolgen hat. 232

Auslandsunfälle mit Schadensersatzansprüchen gegen einen ausländischen Halter und Haftpflichtversicherer werden von der 4. EU-Kfz-Haftpflicht-Richtlinie (2000/26/EG)[381] erfasst. In deren Umsetzung ist in Deutschland eine Auskunftsstelle für die Informati- 233

[375] Näheres unter http://www.gruene-karte.de.
[376] KG NJW-RR 1995, 1116.
[377] BGH NJW 1972, 387.
[378] EuGH NJW 2008, 819; BGH NJW 2007, 71.
[379] BGH NJW 1985, 1285.
[380] BayObLG NJW 1988, 2184.
[381] Kodifiziert durch die Richtlinie 2009/103/EG vom 16.9.2009, ABl. L 263 vom 07.10.2009, S. 11.

onsbeschaffung eingerichtet worden (§ 8a I PflVG).[382] Der Geschädigte kann sich im Inland an einen Schadensregulierungsbeauftragten werden, welcher allerdings im Falle einer gerichtlichen Auseinandersetzung nicht passivlegitimiert ist.[383] Bleibt der Regulierungsbeauftragte untätig, kann sich der Geschädigte an eine Entschädigungsstelle wenden (§§ 12a I, 13a PflVG).[384] Gegen deren Entscheidung kann er gerichtlich vorgehen. Der Geschädigte hat auch die Möglichkeit, vor dem Gericht seines Wohnsitzes eine Klage unmittelbar gegen den ausländischen Versicherer zu erheben, sofern eine solche unmittelbare Klage nach dem maßgeblichen nationalen Recht zulässig ist (Art. 11 II, 9 I lit. b EuGVVO).[385]

---

[382] Näheres unter http://www.zentralruf.de.

[383] MAH-VersR/*Elsner*, § 13 Rn. 156.

[384] Näheres unter http://www.verkehrsopferhilfe.de.

[385] BGH NJW 2015, 2429.

Stichwortverzeichnis

Die Angaben beziehen sich auf die Randnummern des Buches.